세상에서 가장 유명한
위인들의 편지

세상에서 가장 유명한
위인들의 편지

2014년 12월 15일 초판 1쇄 발행
2024년 11월 10일 초판 17쇄 발행

글 | 오주영
그림 | 강정선

발행인 | 정동훈
편집인 | 여영아
편집 | 김지현, 김학림, 김상범, 변지현
디자인 | 김지수
제작 | 김종훈, 한상국
발행처 | ㈜학산문화사

등록 | 1995년 7월 1일 제3-632호
주소 | 서울 동작구 상도로 282 학산빌딩
전화 | 편집 문의 02-828-8871, 8823 영업 문의 02-828-8962
팩스 | 02-823-5109
홈페이지 | www.haksanpub.co.kr

ⓒ오주영, 강정선 2014

ISBN 979-11-256-0563-8 73990

※KC마크는 이 제품이 공통안전기준에 적합하였음을 의미합니다.
※잘못된 책은 바꾸어 드립니다.

세상에서 가장 유명한
위인들의 편지

글 오주영 | 그림 강정선

채우리

머리말

사랑이 담긴 편지가 도착했습니다!

여기 한 우편배달부가 있습니다.

어깨에 둘러멘 빨간 가방 안에 든 편지가

우편배달부의 발걸음을 따라 들썩입니다.

누가 보내는 편지일까요?

인도의 성자 간디, 위대한 음악가 베토벤, 인디언 추장 시애틀,

〈해바라기〉를 그린 고흐, 이탈리아의 과학자 갈릴레이,

한나라 고조 유방, 남극을 탐험한 스콧, 실학자 정약용,

추사 김정희, 도산 안창호와 같은

유명한 역사의 인물들과 전쟁터의 이름 없는 병사들까지…….

와, 정말 멋진 편지들이 모여 있네요.

편지 속의 내용도 모두 달라요.

인도의 첫 번째 총리 네루가 딸에게 보내는 편지는 다정해요.
'해님과 친구가 되려무나. 인도를 사랑하는 마음도,
세상을 살아가는 일도 해님처럼 밝고 떳떳해야 한단다.'
영국의 시인 존 키츠가 연인에게 보내는 편지는 달콤해요.
'내 사랑! 당신의 눈에서 기쁨을 당신의 입술에서 사랑을
당신의 발걸음에서 행복을 만나고 싶군요.'
편지를 받는 이에 대한 사랑이 가득하지요.
다른 편지들에는 어떤 사연이 담겨 있을까요?
사랑과 우정, 용기와 희망을 담은 이 편지들이
여러분의 마음 편지함에 잘 배달되면 좋겠습니다.

오주영

차례

지혜를 담아 보내는 편지

배울 게 없으면 얼마나 심심하겠니? | 네루가 딸에게 · 12

링컨 아저씨, 수염을 길러 보세요 | 한 소녀가 링컨에게 · 18

지식은 주머니 속의 회중시계와 같단다 | 필립 체스터필드가 아들에게 · 22

새로운 폭탄이 생길 겁니다 | 아인슈타인이 미국 대통령에게 · 27

우리에 갇힌 원숭이가 된 것 같습니다 | 기대승이 이황에게 · 31

황제가 되니 책이 중요한 걸 알겠구나 | 한나라 고조 유방이 아들에게 · 35

사랑을 담아 보내는 편지

새장을 여는 사랑 | 고흐가 동생에게 · 40

내 심장은 당신의 것 | 나폴레옹이 아내에게 · 46

우리가 함께 과학의 꿈을 이룰 수 있다면 | 피에르 퀴리의 프러포즈 · 51

사랑은 오래 참습니다. | 사도 바울이 고린도 사람들에게 · 56

나는 사랑을 몰랐습니다 | 존 키츠가 연인에게 · 60

희망을 담아 보내는 편지

나는 절대 꺾이지 않는다 | 스콧이 친구에게 · 66

가슴속의 음악을 모두 퍼낼 때까지 | 베토벤이 동생들에게 · 70

아파 보지 않으면 아픔을 모릅니다 | 마틴 루터 킹이 성직자들에게 · 76

나를 믿으세요 | 잔 다르크가 마을 주민들에게 · 83

나는 행복한 사람입니다 | 슈만이 연인에게 · 86

행복을 담아 보내는 편지

잃어버린 다음에야 알게 되는 것 | 미라보가 연인에게 · 94

나는 본래 뻔뻔합니다 | 월터 배젓이 연인에게 · 97

욕심을 던져 버리세요 | 마하트마 간디가 영국 총독에게 · 102

좋은 사람이 되어야 한다 | 도산 안창호가 아들에게 · 109

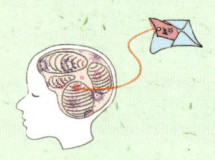

생각을 담아 보내는 편지

한마디 말의 소중함 | 카프카가 연인에게 · 116

공기를 사고팔 수 있을까? | 시애틀 추장이 미국 대통령에게 · 122

자네 글씨를 정말 못 쓰는군 | 오스카 와일드가 친구에게 · 127

생각하고 또 생각하세요 | 릴케가 한 문학 청년에게 · 131

세월은 물처럼 흐른단다 | 이황이 손자에게 · 136

달은 울퉁불퉁 곰보라네 | 갈릴레이가 동료에게 · 139

마음을 담아 보내는 편지

전쟁보다 큰 비극은 없단다 | 한 미국 병사가 아들에게 · 144

추운 겨울에야 소나무가 푸른 것을 안다네 | 김정희가 제자에게 · 149

친구와 나누는 즐거움 | 소동파가 마을 태수에게 · 154

아무도 그의 연주를 막지 않았소 | 한 독일 병사가 아내에게 · 159

베풀 줄 아는 사람이 되어라 | 정약용이 아들들에게 · 162

매일매일 조금씩 하는 게 중요하단다 | 존 애덤스 대통령이 아들에게 · 167

인물 찾아보기 · 171

지혜를 담아 보내는 편지

네루가 딸에게
배울 게 없으면 얼마나 심심하겠니?

한 소녀가 링컨에게
링컨 아저씨, 수염을 길러 보세요

필립 체스터필드가 아들에게
지식은 주머니 속의 회중시계와 같단다

아인슈타인이 미국 대통령에게
새로운 폭탄이 생길 겁니다

기대승이 이황에게
우리에 갇힌 원숭이가 된 것 같습니다

한나라 고조 유방이 아들에게
황제가 되니 책이 중요한 걸 알겠구나

네루가 딸에게

- 배울 게 없으면 얼마나 심심하겠니?

자와할랄 네루
(Pandit Jawaharlal Nehru)
1889~1964
인도의 초대 총리

열네 살 생일을 맞는 인디라 프리아달시니에게

네 생일에는 항상 선물과 축하의 말이 함께했었지.
너에게 어떤 선물을 보내야 할까 곰곰이 생각했단다.
아빠는 지금 형무소에 있으니
눈으로 보거나 만질 수 있는 선물을 네게 보낼 수는 없겠구나.
대신 형무소의 높은 담도 넘을 수 있는,
바람이나 마음 같은 것을 보내려고 한단다.
아빠가 하품 나오는 긴 설교를 좋아하지 않는다는 걸 알고 있지?
긴 설교를 하거나 아는 걸 줄줄 늘어놓는 사람을 보게 되면
아빠는 옛날에 책에서 본 〈대단히 현명한 사람 이야기〉
생각을 한단다.
1300년이나 먼 옛날에 중국에서 한 나그네가 인도로 왔단다.

오로지 지식을 얻기 위해 험한 산을 넘고

메마른 사막을 건너왔어.

지식을 쌓고 싶은 마음이 그렇게나 뜨거웠던 거야.

나그네는 나란다 대학에서 학문을 갈고 닦은 다음

중국으로 돌아가 《서유기》라는 여행기를 썼지.

나는 지금 바로 그 책에 실려 있는 이야기를 하려고 해.

오래전에 이상한 사람이 살고 있었어.

머리에는 횃불을 이고 허리에는 무거운 띠를 둘렀단다.

사람들은 이상한 꼴을 보고 그에게 물었어.

"왜 그렇게 하고 다닙니까?"

그는 대답했어.

"나는 뱃속에 지식이 들어 있는데,

그 양이 너무 많아 언제 배가

터질지 모릅니다.

배가 터지는 걸 막기 위해

늘 구리 띠를 두르고

다닐 수밖에 없지요.

또, 세상 사람들은 어리석어

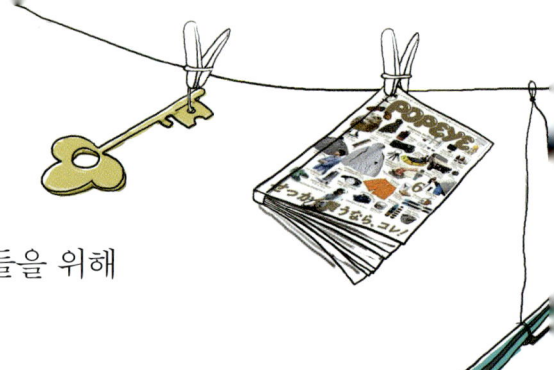

바른길을 찾지 못한답니다. 나는 그들을 위해

횃불을 켜 머리에 이고 다닙니다."

아빠는 배가 터질 만큼 많은 지식이 없으니

구리 띠를 허리에 두를 걱정이 없단다. 참 다행이지?

'더는 지식을 받아들일 수 없을 만큼 지식으로 가득 찬다' 는 게

정말 가능한 건지, 아빠는 상상이 되지 않는다.

새로운 지식을 더 받아들일 수 없게 된 사람을

어떻게 현자라고 할 수 있겠니.

또 이런 사람이 어떻게 남을 가르칠 수 있겠니.

아빠는 이렇게 생각한단다.

'옳고 그름을 알아낼 때 필요한 건 현자의 설교가 아니다.

현명하지 않은 사람들끼리의 의논이다.'

사람들이 서로서로 의논을 할 때,

아주 작은 부스러기일지라도 진리가 튀어나오는 법이란다.

아빠는 그렇게 믿고 있다.

아빠는 집에 있을 때 너와 함께 이야기하는 걸 좋아했단다.

우리는 여러 가지 생각을 나누었어.

그러나 세계는 우리가 지금껏 생각했던 것보다 훨씬 크단다.

우리 앞에 큰 세계가 있다고 상상해 보렴.

그 안에는 우리가 알지 못하는 신비한 것들이 가득하단다.

그런데 어떤 누가 배울 건 이미 다 배웠다고 할 수 있을까.

아빠도, 너도, 그 누구도 그렇게 말할 수 없을 거야.

구리 띠를 두른 사람은 '나는 뭐든지 알지. 나는 대단한 현자야.'

라고 오만을 떨었지만 말이야.

우리가 그리 현명하지 못해서 오히려 다행이다.

세계의 모든 비밀을 아는 현자가 정말 세상에 있다고

생각해 보렴. 현자도 때로는 새로운 걸 배우고 싶을 텐데,

더 배울 게 없으니 얼마나 심심하겠니?

현자는 놀라운 걸 발견하는 재미나 새로운 걸 알게 되는

기쁨을 누릴 수 없을 거야.

그 기쁨이야말로 사람의 큰 보람이고 즐거움인데 말이야.

그러니까 아빠는 네게 설교를 하지 않을 거란다.

다만 집에서 우리가 이야기를 나누었을 때처럼

네가 스스로 생각할 수 있을 만한 좋은 재료를 편지에

적어 보내려고 한다.

지금부터 아빠는 세계 여러 민족의 역사를 너에게

이야기할 거야.

이 이야기를 하기에 앞서 너에게 한 가지 꼭 당부할 것이 있단다.

사람은 가끔 무슨 일을 해야 하는지 잘 모를 때가 있어.

이게 옳은 일인지 그른 일인지 헷갈릴 때도 있어.

그럴 때 어떻게 해야 할까?

만약 너에게 그런 고민이 생긴다면

그 일이 밝은 일인가 어두운 일인가를 생각해 보렴.

무슨 일을 하든 남의 눈을 피해서 하지는 마라.

사람은 해님 아래 밝은 햇살을 받으며 살고 있단다.

해님과 친구가 되려무나.

인도를 사랑하는 마음도, 세상을 살아가는 일도

해님처럼 밝고 떳떳해야 한단다.

그렇게 살아간다면, 너는 어떤 일이 생겨도 두려워하지 않는

'빛의 딸'이 될 거란다.

1930년 10월 26일

나이니 중앙 형무소에서 네루

지혜의 편지 1

네루는 간디의 제자로 인도의 첫 번째 총리가 되었어요.
영국의 식민지였던 인도를 독립시킨 인도의 지도자이지요.
네루는 인도의 독립을 위해 많은 투쟁을 했고,
감옥에서도 오랜 시간을 보내야 했어요.
감옥에서 네루는 딸에게 수많은 편지를 썼답니다.
이 편지는 딸에게 보낸 첫 번째 편지예요.

세상에는 엄청나게 많은 지식이 별처럼 흩어져 있어요.
한 사람이 모든 지식을 다 알 수는 없기에
우리는 이야기를 통해 생각을 나누어요.
한 사람의 생각보다 두 사람의 생각이,
두 사람보다 세 사람의 생각이 합쳐진다면
어떤 일도 훨씬 지혜롭게 풀어나갈 수 있으니까요.
"네 생각은 어떠니?"
이 말은 지혜를 키우는 비타민과 같답니다.

에이브러햄 링컨
(Abraham Lincoln)
1809~1865
미국의 16대 대통령

한 소녀가 링컨에게

– 링컨 아저씨, 수염을 길러 보세요

존경하는 링컨 아저씨께

방금 저의 아빠가 대통령 선거 유세장에서 돌아오셨어요.

링컨 아저씨의 사진을 갖고서요.

저는 이제 겨우 열한 살이 된 여자아이일 뿐이지만

링컨 아저씨가 꼭 대통령이 되시기를 바라고 있어요.

그러니까 어린아이가 쓴 편지라고 하찮게 여기지 말아 주세요.

아저씨에게도 저만 한 딸이 있을까요?

그렇다면 제 인사를 전해 주시겠어요?

만약 아저씨가 답장을 쓸 시간이 없다면

아저씨 딸에게 대신 쓰게 해 주세요.

저에게는 오빠가 넷 있어요.

오빠들 중 몇 명은 아저씨에게 투표를 할 거예요.

몇 명은 다른 사람에게 투표할 테고요.

만약 아저씨가 구레나룻을 기른다면 저는 그 오빠들을

설득할 거예요.

"멋있는 링컨 아저씨에게 투표해야 해."라고요.

아저씨 얼굴은 많이 말랐어요.

그래서 구레나룻을 기르면 훨씬 멋있게 변할 것 같아요.

링컨 아저씨, 여자들은 구레나룻을 좋아해요.

아저씨에게 구레나룻이 있다면 여자들은 남편들에게

아저씨한테 투표하라고 조를 걸요?

그러면 아저씨는 대통령이 될 거예요!

우리 아빠도 링컨 아저씨에게 투표할 거예요.

제가 남자였다면 저도 아저씨한테 투표했을 텐데.

다른 사람들한테도 아저씨께 투표하라고

꼭 말할게요.

아저씨 사진이 끼워진 사진틀 덕분에

아저씨가 더 멋져 보여요.

저는 9주일 된 귀여운 여동생이 있어요.

얼마나 귀여운지 몰라요.

링컨 아저씨, 뉴욕 주 웨스트필드
샤토크 카운티의 '그레이스 베델'
앞으로 답장해 주세요.
안녕히 계셔요.

1860년 10월 15일

그레이스 베델

지혜의 편지 2

한 어린 소녀가 대통령 선거 전에 링컨에게 편지를 썼어요.
"아저씨에게 구레나룻이 있다면 더 멋있을 거예요!"
링컨은 소녀의 편지를 기쁘게 읽고 답장을 보냈어요.
"꼬마 숙녀에게

즐거운 편지 잘 읽었단다. 구레나룻은 아직 길러 본 적 없는데,

지금부터 기르면 사람들이 우스꽝스럽게 여기지 않을까?

네가 건강하게 잘 자라기를 진심으로 바란다."
링컨은 대통령에 당선된 후, 오랫동안 멋진 구레나룻을 길렀어요.
덥수룩한 구레나룻으로 날카롭고 마른 얼굴을 보다 부드럽고
믿음직하게 보이도록 바꿀 수 있었지요.

많은 사람들이 충고를 받지만
오직 현명한 사람만이 충고의 덕을 본답니다.
아무리 작은 충고라도 소중히 귀 기울일 줄 아는 사람은
정말 지혜로운 사람입니다.

필립 체스터필드가 아들에게
- 지식은 주머니 속의 회중시계와 같단다

필립 체스터필드
(Philip Chesterfield)
1694~1773
영국의 정치가

아들아

뛰어난 장점을 갖고 있거나 바른 행동을 한다고 해서

그 사람에게 아무런 단점도 없는 건 아니란다.

장점이 지나치면 단점이 될 수도 있거든.

사람이 지나치게 너그러우면 응석받이를 만들고,

지나치게 알뜰하면 구두쇠가 돼.

용기가 지나치면 나설 때와 나서지 말아야 할 때를 모르게 되고,

신중함이 지나치면 겁쟁이가 되지.

사람은 자기가 갖고 있는 장점이 단점으로 변하지 않도록

늘 노력해야 한단다.

나쁜 행동은 보기에 좋지 못해. 그래서 한 번 보면

저도 모르게 고개를 돌려 버리고 말지.

반대로 떳떳하고 올바른 행동은 보기에도 무척 아름답지.

사람들은 떳떳한 행동을 하는 이를 보면 좋아한단다.

그렇지만 아무리 행동이 바른 사람도

칭찬을 듣고 인정을 받다 보면 교만해지고 말아.

자기 스스로 '나는 올바른 사람이야. 나는 아름다워.' 하고

생각하게 되어 버리는 거야.

그렇게 되면 남의 말에 귀 기울이는 법을 잊어버리고 말지.

'내 말이 정답이다. 내 생각이 정확해.'라고 여기게 되거든.

이런 사람은 다른 사람의 말에 귀 기울이는 법이 없어.

아는 게 많고 똑똑한 학자가 여러 친구들이 모인 자리에서

이렇게 말했다고 생각해 보렴.

"친구들이여, 자네들 말은 틀렸어. 내 말이 옳아.

내 생각이 분명하니 내 말에 따르게."

이 말을 들은 친구들의 기분은 어땠을까?

무조건 정답이라 우기는 학자의 말에 속이 상했을 거야.

그리고 학자의 말을 순순히 따르지 않았을 거야.

학자한테 무시당했다고 생각해 자존심도 무척 상했겠지.

속으로 '쳇, 잘난 체는!' '아니꼬워서 원!' 하며

험담을 늘어놓기도 했을 테고 말이야.

주위에서 나쁜 말을 듣고 싶지 않다면 겸손하거라.

아는 게 많아질수록 더욱더 겸손해야 한단다.

나서서 아는 체를 해서도 안 된단다.

의견을 말할 때도 딱 잘라서 말하지 않아야 하지.

남을 설득하고 싶다면 그의 의견을 차분하게 귀담아 들어라.

'학자인 척 아는 체하는 아니꼬운 녀석'이라는 소리,

'아는 게 없는 멍청한 녀석'이라는 소리를 듣고 싶지 않거든

스스로 자기를 자랑하지 말아라.

화려하게 꾸며서 말하는 대신

있는 그대로의 이야기를 전하도록 해라.

다른 사람보다 뛰어난 척 꾸며서 말하거나,

아는 게 많은 것처럼 보이려고 해서는 안 된단다.

지식은 회중시계처럼 호주머니 속에 살짝 넣어 두어라.

시간을 볼 필요도 없으면서

자랑하고 싶은 마음에 꺼내는 일은 없어야 한다.

시간을 물어보지도 않은 사람한테 시계를 꺼내 보이며

일부러 몇 시라고 가르쳐 줄 필요도 없다.

누가 시간을 묻거들랑 그때에 잘 대답해 주려무나.

학문은 시계와 비슷하단다.

시계를 지니고 있지 않으면 시간을 알 수 없어 곤란해지듯,

학문을 지니고 있지 못하면 큰 창피를 당하게 된단다.

부디 많은 것을 배우고 익히되, 몸가짐을 항상 바르게 하거라.

많이 안다고 우쭐해하지 말고,

많이 안다고 자랑하지 말거라.

필립 체스터필드

지혜의 편지 3

필립 체스터필드는 영국의 정치가예요.
아들에게 보내는 편지들을 묶어 책으로 만들기도 했지요.
이 편지에서 체스터필드는 "늘 겸손하라."고 아들에게 말합니다.

겸손하기란 정말 어렵습니다.
남들보다 더 멋있어 보이고 싶고
더 뛰어난 사람이라고 알리고 싶은 욕심이
우리 마음에 들어 있기 때문이에요.
그러나 겸손함을 잊고 우쭐대거나
다른 사람 말을 흘려듣고 귀찮아한다면
"저 사람 정말 뛰어나!"라는 칭찬을 들을 수 없어요.
오히려 "왜 저렇게 아는 척할까? 그만 좀 하지."라는 말을
듣게 됩니다.
벼는 익을수록 고개를 숙인답니다.
벼의 겸손함을 늘 마음속에 간직하세요.

아인슈타인이 미국 대통령에게

– 새로운 폭탄이 생길 겁니다

알버트 아인슈타인
(Albert Einstein)
1879~1955
이론 물리학자

루즈벨트 대통령께

물리학자들의 연구 결과로, 얼마 후에는 우라늄이
새로운 에너지원으로 태어나게 될 것입니다.
지금 세계는 전쟁으로 불안하게 흔들리고 있습니다.
나는 정부가 조금이라도 빨리 물리학자들을
도와야 한다고 생각합니다.
최근 4개월 동안 몇몇 물리학자들이 밝혀낸 바에 따르면
우라늄으로 핵 연쇄 반응을 일으키는 게
가능할 것이라고 합니다.
그렇게 되면 커다란 에너지를 얻을 수 있을 뿐 아니라
라듐과 닮은 새로운 원소를 많이 만들 수 있게 됩니다.
이 일이 이루어질 날은 머지않았습니다.

만약 이 연구가 완성된다면 새로운 폭탄을 만들 수도 있습니다.

아직 확실하게 말할 수는 없지만 새 폭탄은 엄청나게

강한 위력을 보일 것입니다.

새로운 폭탄을 배에 싣고 나가 항구에서 터뜨린다면,

단 한 개만으로 항구는 물론 그 주변까지

모두 폭파시킬 수 있을 것입니다.

그러나 이런 폭탄은 무겁기 때문에 비행기로 나르기는

어려울지도 모릅니다.

미국에는 질이 무척 나쁜 우라늄이 조금 있습니다.

질 좋은 우라늄은 캐나다와 체코슬로바키아 땅에 많이 있지요.

가장 좋은 우라늄은 벨기에령 콩고에서 많이 납니다.

지금과 같은 때에 정부는 물리학자들과 가까운 관계를

가져야 합니다.

정부에서는 믿을 수 있는 사람에게 이 일을 맡겨

우라늄의 연구를 더욱 발전시켜야 합니다.

또 부족한 우라늄을 충분히 얻을 수 있도록 노력해야 합니다.

독일은 체코슬로바키아 땅을 차지하고 있습니다.

그곳에서 난 우라늄은 모두 독일이 갖고 있지요.

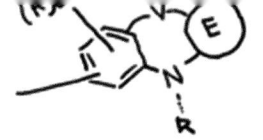

최근 독일에서는 이 우라늄을 다른 나라에 파는 것을
금지했다고 합니다.
독일이 우라늄을 팔지 않는 이유는 분명합니다.
독일의 연구소에서 물리학자들이 나치와 가까운 관계를 갖고
우라늄 연구를 하고 있기 때문입니다.
현재 미국이 하고 있는 것과 같은 연구와 실험이 
독일에서도 반복되고 있는 것이지요.

1939년 8월 2일

알버트 아인슈타인

지혜의 편지 4

아인슈타인은 미국의 물리학자예요.
물리학에 많은 발전을 이루어 노벨 물리학상을 받았답니다.
'전쟁 중인 독일이 만들기 전에 미국이 먼저 원자 폭탄을 만들어야
한다.'는 이 편지는 아인슈타인이 직접 쓴 게 아니라고 해요.
쉴러드라는 물리학자가 쓴 편지에 서명만 한 것이었답니다.
그러나 '아인슈타인'이라는 대 물리학자의 서명은 위력이 컸어요.
미국은 곧 핵 개발 계획을 벌여 3년 만에 원자 폭탄을 만들어 냈지요.
미국은 얼마 후 자기들을 침공한 일본에 원자 폭탄을 터뜨렸고,
그로 인해 30만 명이 목숨을 잃었어요.
원자 폭탄의 무서움을 깨달은 아인슈타인은 그 후 죽을 때까지
이 편지에 사인한 것을 후회하고 뉘우쳤어요.

뉘우치지 않을 행동을 하는 것이 제일 좋지만,
뉘우치는 것 또한 아름다운 일입니다.
자기 잘못을 스스로 깨닫는 사람만이
뉘우칠 줄 아니까요.

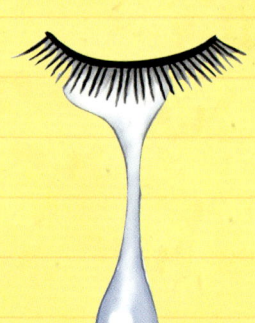

기대승이 이황에게

– 우리에 갇힌 원숭이가 된 것 같습니다

기대승(奇大升)
1527~1572
조선 중기의 성리학자

선생님께

건강은 괜찮으신지요?

점점 봄이 다가오는 이때, 선생님께서

더욱 편안하셨으면 좋겠습니다.

저는 지난해 봄, 서울로 올라왔습니다.

벼슬에 올라 역사를 기록하는 사관이 되었지요.

여름이 지나 겨울이 되도록 내내 밤늦게까지 일을 했답니다.

어느새 몸과 마음이 모두 지쳐 버리더군요.

10월 30일쯤 성묘를 하려고 휴가를 얻었는데, 산을 넘고 강을

건너 시골로 내려가다 그만 몸에 병이 나고 말았습니다.

그래서 그 자리에서 물러날 테니 다른 사람을 뽑으십사

글을 올렸습니다.

한데 임금께서는 병이 나으면 오라며 제게 휴가를 주시더군요.

너무나 황공해 도저히 쉴 수가 없었지요.

저는 아픈 몸을 이끌고 다시 서울로 올라와 있답니다.

병과 피곤으로 지쳐 있는 데다 일까지 바쁘니 부쩍

힘이 부칩니다.

선생님이 보내 주신 편지를 세 번 네 번 읽고 또 읽고 있습니다.

감사한 마음도 들고 부끄러운 마음도 듭니다.

제 마음이 넓어지는 것 같기도 합니다.

바로 답장을 하고 싶었지만 그럴 기회를 찾지 못했습니다.

궁궐 안에서는 편지 전해 주기를 부탁할 사람을

찾기가 어렵더군요.

선생님이 소중한 가르침을 편지에 적어 보내 주지 않으셨다면

저는 제 어리석음을 깨우치지 못했을 겁니다.

선생님은 편지에서 이렇게 말하셨습니다.

"우리는 진실한 공부를 해야 합니다. 그런데 지금은 입으로만

경쟁하며 서로 이기려고 합니다. 이는 큰 병과 같습니다.

지금까지의 우리를 되돌아보고 반성해야겠습니다."

선생님의 말씀은 선생님 자신에게는 겸손한 말씀이었으나

'아는 체하는 병'에 걸려 있던 저에게는 꼭 필요한 약이었습니다.

선생님 덕분에 이제라도 알게 되었으니 얼마나 기쁘고

고마운 일인지 모릅니다.

저는 어려서는 글 솜씨를 자랑하기나 했을 뿐

학문이 모자랐습니다.

나이가 들며 학문에 뜻을 두었지만 모자람을 많이 느꼈습니다.

그런데 갑자기 나랏일을 맡게 되니 무척 힘이 들고 두렵습니다.

나빠진 건강도 큰 걱정이고요.

마치 우리에 갇힌 원숭이와 새장에 갇힌 새가 되어 떳떳치 못하게

세월만 깎아 먹고 있는 것 같다는 생각이 듭니다.

제가 어찌하면 좋을까요?

선생님의 가르침을 바라며 이만 줄입니다.

너그럽게 보아 주십시오.

1563년 2월 12일

대승

지혜의 편지 5

고봉 기대승은 조선 시대의 뛰어난 성리학자였어요.
32살에는 58살의 퇴계 이황을 찾아가 성리학에 대한
자기 생각을 조목조목 짚었고, 그 일 이후로 두 사람은
편지를 주고받는 사이가 되었어요.
이황는 젊은 기대승의 새로운 생각을 받아들였고,
기대승은 대학자 이황에게서 깊은 지혜와 지식을 배웠지요.
이 편지에서 기대승은 반성하며 말합니다.
"선생님의 말씀은 저에게 좋은 약이 되었습니다."

남의 잘못을 보면 큰 소리로 나무라면서도
자기 잘못은 어떻게든 감추려고 하지 않나요?
이제, 매일매일 일기를 쓰듯 자기 잘못을 반성해 보세요.
반성은 어두운 밤을 밝혀 주는 가로등과 같아서
마음속의 어둠을 몰아내고
우리를 밝은 길로 이끌어 준답니다.

한나라 고조 유방이 아들에게

– 황제가 되니 책이 중요한 걸 알겠구나

유방(劉邦)
기원전 247?~기원전 195
중국 한나라의 황제

나는 어지러운 세상에 태어났단다.

진나라의 진시황이 책을 불태우고 학문을 금지했을 때,

나는 기뻐하며 생각했지.

'책은 중요하지 않아. 책 읽기는 나한테 별 도움이 안 돼.'

그런데 황제가 되고 나니 책이 중요한 걸 알겠더구나.

나는 배운 것 많고 읽은 것 많은 신하들에게

좋은 책의 뜻풀이를 맡겼단다.

네게 요 임금과 순 임금의 이야기를 들려주고 싶구나.

이들은 임금의 자리를 아들에게 주지 않았다.

요 임금은 아들 대신 순을 임금으로 세웠고

순 임금도 마음이 넓고 훌륭한 자를 골라

다음 임금으로 세웠다.

이들이라고 다른 사람에게 임금의 자리를 넘기며

아까운 마음이 없었겠느냐?

하지만 자신의 아들이 임금의 그릇이 아니었기에

그런 결심을 한 것이었단다.

좋은 말 한 마리, 소 한 마리만 있어도 아끼는 게 사람이지.

설마 왕의 자리가 아깝지 않았을까?

나는 일찍부터 맏아들인 너를 황제로 세울 마음을

갖고 있었단다.

네가 '사호'라 불리는 네 사람의 훌륭한 학자와 만나고 있다며

신하들이 너를 칭찬하더구나.

나는 일찍이 그 학자들을 초청했으나

그들은 내 청을 받아들이지 않았지.

그런데 그들이 너와 만나니,

너는 큰일을 맡길 만한 사람이구나.

고조

36

지혜의 편지 6

평범한 농가의 아들로 태어난 유방은 진나라가 어지러워지자
군대를 일으켜 한나라를 세웠어요.
한나라의 첫 번째 황제 고조가 바로 유방이지요.
진나라의 진시황은 자신의 말을 따르지 않는 똑똑한 사람들을
없애기 위해 책을 모아다 불에 태우고, 학자들을 잡아
구덩이에 묻었어요.
그래서 유방이 어렸을 때는 책을 읽고 공부할 일이 많지 않았어요.
유방은 한나라를 세우고 왕이 되고서야 책 읽기가 얼마나 소중한지
알게 되었어요.

책은 지혜로운 친구와 같아요.
처음 읽을 때는 새 친구를 만난 것과 같고,
두 번째 읽을 때는 반가운 옛 친구를 만난 것과 같답니다.
함께 있으면 많은 이야기를 알게 되고,
저도 모르게 지식과 지혜를 배우게 되지요.
책과 친해져 보세요.
'현명' '지혜' '지식' '슬기' 같은 소중한 친구들이 살며시
우리 마음속에 들어올 거랍니다.

고흐가 동생에게
새장을 여는 사랑

나폴레옹이 아내에게
내 심장은 당신의 것

피에르 퀴리의 프러포즈
우리가 함께 과학의 꿈을 이룰 수 있다면

사도 바울이 고린도 사람들에게
사랑은 오래 참습니다.

존 키츠가 연인에게
나는 사랑을 몰랐습니다

고흐가 동생에게
– 새장을 여는 사랑

빈센트 반 고흐
(Vincent van Gogh)
1853~1890
네덜란드 출신의 화가

동생 테오에게

오랫동안 너에게 편지를 쓰지 못했다.
왜 그렇게 되었는지 아니?
네가 보내 준 50프랑 때문이었어.
그 돈을 받아야 하나 무척 망설였거든.
그렇지만 내 상황이 좋지 않아 받지 않을 수 없더구나.
이제야 네게 감사의 편지를 쓰는 나를 이해하겠지.
지난 5년 간, 나는 안정된 직장 없이 궁지에 몰려서
떠돌아다녔어. 너는 내가 그동안 머뭇거리고 뒷걸음질치며
아무것도 하지 않았다고 생각할지도 몰라.
그렇게 생각하지 말아 주렴.
나는 오래도록 직업을 갖지 못했지만 포기하지는 않았거든.

세상에는 자기 뜻과 다르게 쓸모없는 사람이 되는 경우가 있단다. 나도 그중에 한 사람으로 보아 주렴.
새장에 갇힌 새는 봄이 오면 자기가 가야 할 곳이 있다는 걸 자연히 알게 된단다.
무언가 해야 한다는 것도 알지.

갇혀 있기에 떠날 수 없을 뿐이야.

'그게 뭘까?

새장 속의 새는 생각해. 무엇을 해야 할지 잘 기억하지는 못하지만 어렴풋이는 알고 있거든.

'다른 새들은 둥지를 틀고 알을 까. 그리고 새끼를 키워.'

여기까지 생각한 새는 자기 머리를 새장 창살에 찧어대.

그러나 새장 문은 열리지 않아.

새는 아픔으로 점점 미쳐갈 뿐이야.

"저런 쓸모없는 놈! 게으른 놈!'

날아가던 새가 새장 속의 새를 보고 말하지.

겉으로 봐서는 갇힌 새가 무슨 생각을 하는지 알 수 없어.

새는 새장 안에서 잘 사는 것 같아.

햇빛을 받을 때는 즐거운 듯 보이기까지 해.

그러나 철새가 따뜻한 곳을 찾아 날아갈 무렵이면 새장 속의 새는 슬픔에 가득 차.

새를 새장에 가둔 아이들은 이렇게 말해.

"너는 뭐든 갖고 있잖아? 집을 지을 필요도 없고, 먹을 것을 구할 필요도 없으니 얼마나 편해?"

하늘은 벼락이 떨어질 것처럼 어두워.

새장 속의 새는 까만 하늘을 보며 마음으로 외쳐.

'나는 갇혀 있어! 내가 뭐든 갖고 있다니. 이렇게 갇혀 있는데.

바보 같은 사람들. 필요한 건 이곳에 다 있지.

하지만 나에겐 다른 새처럼 살 수 있는 자유가 없어!

재주를 갖고 있는 데도 능력을 피우지 못하는 사람들이 있어.

이런 사람들은 쓸모없다는 말을 주변에서 듣는단다.

그들은 마치 새장에 갇힌 새와 같아.

그들은 종종 무어라 말할 수 없는

끔찍한 감옥에 갇혀 있음을 느껴.

그리고 아무것도 하지 못한 채

감옥 속에서 괴로워하지.

감옥에서 벗어나려면 오랜 시간이 필요해.

사람들의 수군거림, 가난한 환경,

고생스러운 처지 등은 사람을 죄수로 만들어.

사람을 막고, 가두고, 묻어 버리는 게 무엇인지

분명하게 말할 수는 없구나.

그건 뭐라 말하기 어려운 창살, 울타리, 벽 같은 것이야.

나는 신에게 묻곤 해.

"저는 언제까지 갇혀 있어야 하나요? 영원히?"

이 감옥을 없앨 수 있는 건 깊고 참된 사랑뿐이야.

친구가 되고 형제가 되고 사랑하게 되는 것.

그 사랑의 힘만이 감옥에서 우리를 풀어 줄 수 있단다.

사랑이 없다면 우리는 죽은 사람과 마찬가지야.

사랑이 되살아날 때 인생도 다시 태어나지.

내가 초라하고 보잘것없는 사람이 되는 동안

너는 안정을 얻고 사람들에게 인정받았어.

얼마나 다행인지 모른다.

너의 성공은 나에게 커다란 기쁨이거든.

너는 진지하고 남을 생각하는 마음이 깊으니

앞으로도 계속 성공할 수 있을 거야.

그렇게 믿고 있다.

1880년 7월

빈센트 반 고흐

사랑의 편지 1

〈해바라기〉를 그린 빈센트 반 고흐는
그림을 팔지 못해 평생 굶주림과 가난에 시달렸어요.
오직 동생 테오만이 고흐의 그림을 이해하고 사랑했지요.
고흐에게는 세상이 꼭 새장처럼 답답하고 괴로웠어요.

내 잘못이 아닌데 꾸중을 들을 때,
내가 열심히 한 일을 아무도 알아주지 않을 때,
친구와 싸우고 마음이 답답할 때
보이지 않는 벽이나 새장 안에 갇혀 있는 것만 같아요.
이때 갑갑한 새장 안에서 꺼내 주는 건
이해와 사랑이라는 이름의 열쇠예요.
누군가 내 마음을 알아주고 이해해 주면
갑갑한 마음이 눈 녹듯 풀리고
그 자리에 따뜻한 사랑이 자리 잡게 되지요.
편견과 오해, 의심은 무서운 감옥을 만들지만
사랑과 이해는 세상을 아름답게 만드는 행복의 열쇠가 된답니다.

나폴레옹이 아내에게
– 내 심장은 당신의 것

나폴레옹 보나파르트
(Napoleon Bonaparte)
1769~1821
프랑스의 군인 출신 황제

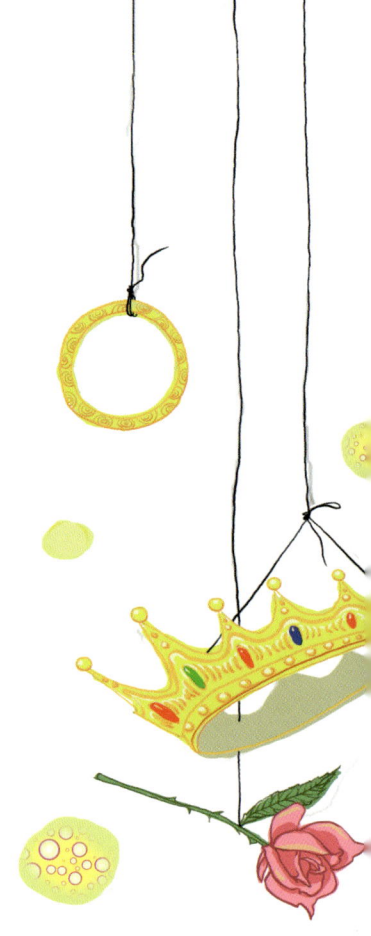

사랑하는 조제핀

당신은 내 삶의 빛이라오.
군사 문제로 걱정스러울 때,
승리와 패배를 다투며 초조해할 때,
사람들이 나를 싫어하는 게 느껴질 때,
살아가는 게 너무나 괴로울 때 나는 가슴에 손을 얹지.
나의 심장은 당신을 향해 뛰고 있거든.
내 심장의 고동을 들으며 나는 당신을 느낀다오.
당신은 무슨 마법을 써서 나를 사로잡은 걸까?
어째서 내 마음은 온통 당신에게 향할까?
어쩌면 나는 죽은 것과 같아.
내 사랑, 당신을 생각하지 않으면 나는 살아갈 수가 없으니까.

조제핀, 내 삶은 오로지 당신을 통해서만 만들어지오.

나는 당신이 있는 파리로 돌아가기 위해 이곳에서 싸우고 있소.

그러나 전쟁에서 이길수록 군대는 파리에서 멀어지고 있어.

나는 점점 더 당신에게서 떨어지고 있을 뿐이야.

얼마나 많은 대륙이, 국경이 우리를 떼어놓고 있는 걸까!

내 편지는 얼마나 많은 시간이 흘러야 당신에게 도착할까!

아아, 내 사랑! 내 앞에 어떤 운명이 놓여 있는지 나는 알 수 없소.

그러나 당신에게서 오래도록 떨어져 있어야 할 운명이라면,

나는 더 참지 못할 거야.

그런 운명을 받아들일 만큼 내 용기는 충분하지 않거든.

당신을 만나기 전까지, 나는 내 용감함을 자랑스럽게 여겼소.

적이 나를 해칠 운명이든, 모든 것을 잃고 망할 운명이든

나는 당당히 맞설 수 있다고 생각했소.

어떤 불행 앞에서도 나는 눈썹 하나 까딱치 않을 자신이 있었어.

그러나 지금은 다르오.

'조제핀이 아플지도 몰라' '조제핀은 날 덜 사랑하는 게

아닐까?' 이런 괴로운 생각은 내 영혼을 마르게 하고

내 피를 얼어붙게 해.

당신은 나에게서 화를 내거나 괴로워할 용기마저 빼앗아 버렸소.

숨이 막힐 것 같소.

이제 편지를 끝내야겠어, 내 사랑.

내 영혼은 당신 때문에 울고 있소.

몸은 지쳐 있고, 마음은 미칠 듯 괴로워.

나의 심장인 당신과 멀리 떨어져 있기 때문이지.

이번 전쟁에서도 나는 이길 것이오.

내 승리를 빌어 주오. 아주 많이 빌어 주시오.

전쟁을 치르는 데 두려움은 없소.

당신이 나를 사랑하기를 바라오.

당신 자신을 사랑하듯 나를 사랑해 주오.

아니, 당신 자신보다 더 날 사랑해 주오.

당신의 마음, 당신의 정신, 당신의 생명보다도 말이오.

날 용서하시오. 나는 지금 쓸데없는 말을 하고 있소.

당신을 향한 마음이 너무 깊어 겁쟁이가 되었나 보오.

1796년 4월 3일
나폴레옹 보나파르트

추신

안녕, 안녕, 안녕.

나는 이제 침대로 가 당신 없이 잠들기 위해 노력할 거요.

당신을 껴안고 잠드는 행복한 꿈을 꿀 수 있도록,

날 도와주구려.

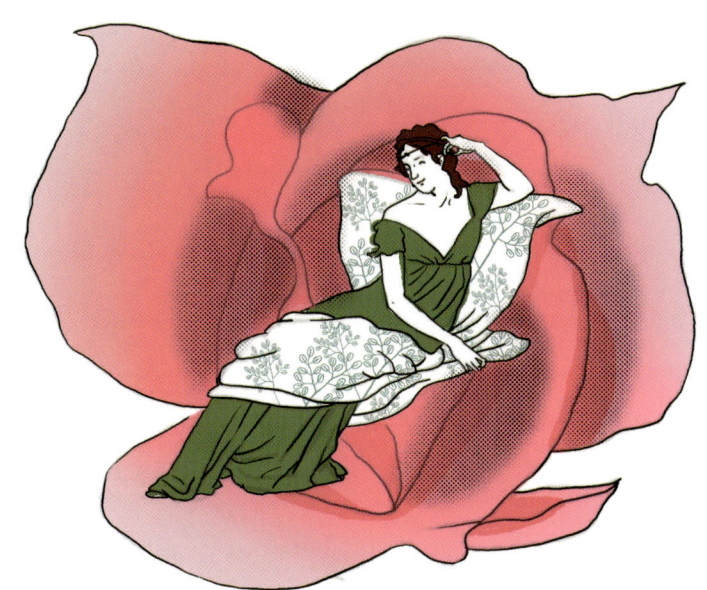

사랑의 편지 2

프랑스의 위대한 정복자 나폴레옹은
오랫동안 전쟁터에서 전쟁을 치렀어요.
그 때문에 아내 조제핀과 많은 날들을 떨어져 지내야 했어요.
나폴레옹은 조제핀에게 사랑과 그리움을 담아
수천 통의 편지를 부쳤답니다.

그리움은 옷에 묻은 오래된 얼룩과 같아요.
일부러 만들려 해서 만들어지는 게 아니고
일부러 지우려 해서 지워지는 게 아니지요.
한 사람에 대한 마음이 깊어지면
저절로 그리움이 우러나게 된답니다.
보고 싶은 친구가 있나요?
그렇다면 당신은 행복한 사람일 거예요.
저절로 그리워질 만큼 좋은 친구를
가슴속에 담고 있으니까요.

피에르 퀴리의 프러포즈

– 우리가 함께 과학의 꿈을 이룰 수 있다면

피에르 퀴리
(Pierre Curie)
1859~1906
프랑스의 물리학자

나의 가장 큰 즐거움은 당신의 편지를 받는 것이랍니다.

지난 두 달 동안 당신의 연락을 애타게 기다렸지요.

오랜만에 당신의 편지를 받으니 기쁨을 말로 다 할 수가 없군요.

당신의 편지는 언제, 어느 때라도
대환영입니다.

그동안 휴양하며 맑은 공기를
듬뿍 마셨을 거라 생각합니다.

10월에는 이곳으로
돌아와 주세요.

난 이곳에서 계속
머무를 거예요.

하루 종일 창문을 열어
놓기도 하고, 정원에서 하루를

보내기도 하면서요.

지난번 우리는 서로에게 오랜 친구가

되어 주기로 약속했습니다.

혹 당신의 마음이 변하지는 않았는지 두렵습니다.

이 약속은 결혼 약속과는 달라 쉬 깨질 수도

있는 것이기에 더 불안한지도 모릅니다.

사람이 사람을 만나 결혼하는 것,

이는 무척이나 신성한 것입니다.

그래서 저는 당신에게 감히 말을 꺼내지

못하고 있지요.

우리가 우리의 꿈을 펼치며 함께

살아갈 수 있다면 얼마나 기쁠까요!

당신에게는 당신만의 꿈이 있습니다.

저에게도 저만의 꿈이 있어요.

그리고 우리가 함께 소망하는 꿈이 있습니다.

바로 과학의 꿈입니다.

과학의 꿈은 당신과 나 두 사람이

함께 꾸고 함께 이룰 수 있는 것입니다.

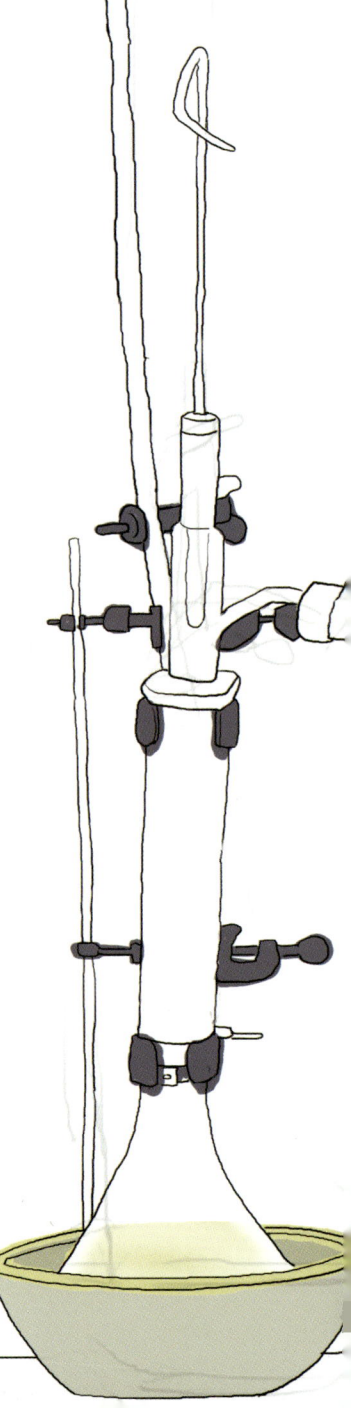

우리에게는 과학을 발전시킬 수 있는 희망이 있어요.

아무리 작은 발견이라도,

그것은 하나의 과학 지식이 되어 오래도록 남을 것입니다.

이만큼 멋진 일이 또 있을까요?

우리가 좋은 친구가 될 수 있는 것 또한

같은 과학의 꿈을 갖고 있기 때문이지요.

당신은 정말 1년 후에 프랑스를 떠나실 생각입니까?

그렇다면 우리는 다시는 만나지 못하게 될지도 모릅니다.

물론 우정이야 계속되겠지만,

나는 그것만으로 만족할 수 없을 것 같습니다.

나와 함께 이곳에 머물지 않겠습니까?

이 말이 당신을 화나게 할 거라는 건 압니다.

당신이 대답하고 싶어 하지 않아 하는 것도

알고 있습니다.

행여나 당신이 나를 가치 없는

사람으로 여기는 건

아닌가 두렵기도 합니다.

그러나 이렇게 말하는

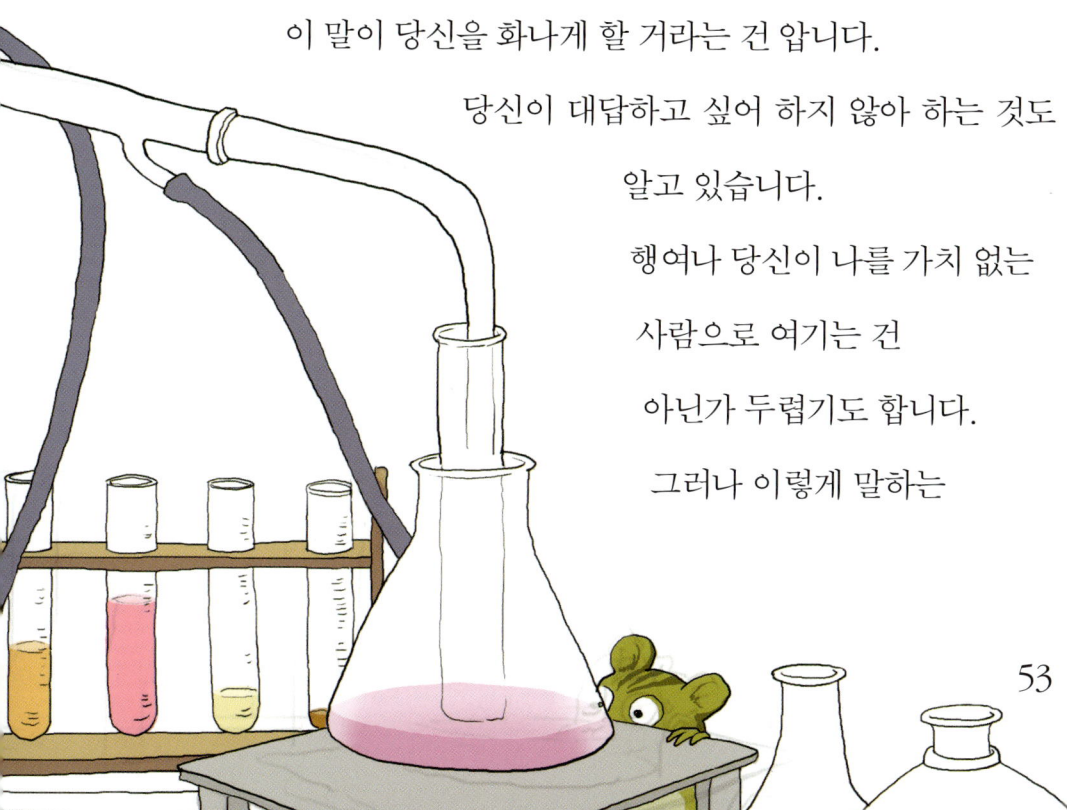

내 마음을 부디 알아주세요.

프리부르크에서 당신을 우연이라도 만나게 된다면

정말 기쁠 겁니다.

1894년 8월 10일

당신의 믿음직한

피에르 퀴리

추신

당신에게서 10월에 돌아온다는

답장이 온다면

나는 행복할 겁니다.

서섹스로 직접 편지를 부쳐

주시겠어요?

그러면 나는 좀 더 빨리 당신의

편지를 받아 볼 수 있을 겁니다.

주소 : 서섹스 가 레 사브론

13번지 피에르 퀴리

사랑의 편지 3

피에르 퀴리는 프랑스의 물리학자예요.

연구실에서 일하는 마리를 보고 사랑에 빠져 결혼을 했지요.

퀴리 부부는 함께 과학 연구와 실험을 했고,

라듐과 폴로늄이라는 새로운 원소를 발견했어요.

이로 인해 퀴리 부부는 함께 노벨상을 받았답니다.

두 사람은 부부로, 친구로, 과학자로 서로를 아끼고 이해했어요.

그 결과 과학의 새로운 장을 연 위대한 발견을 해냈지요.

참된 친구와 인생의 길을 나란히 걸을 수 있다면

그 길이 아무리 험하고 가파르더라도

우리는 꿋꿋이 나아갈 수 있어요.

참된 친구가 옆에 있으면

기쁨은 몇 배나 더 커지고 슬픔은 반으로 줄어들게 되니까요.

이런 참된 친구를 얻는 방법은 하나랍니다.

<u>스스로</u> 먼저 다른 사람의 참된 친구가 되어 주세요.

우정은 메아리와 같아서 베풀면 그만큼 되돌아온답니다.

사도 바울이 고린도 사람들에게

– 사랑은 오래 참습니다

바울(Paulus)
0?~67?
초대 기독교의 전도자

내가 아무리 방언과 천사의 말을 할 수 있다고 해도

나에게 사랑이 없다면

나는 고작 소리 나는 나팔이나 꽹과리에 지나지 않습니다.

내게 예언을 하는 재능이 있고, 세상의 모든 비밀과

지식을 알고 있다고 해도,

내게 산을 옮길 수 있을 만큼 커다란 믿음이 있다고 할지라도

나에게 사랑이 없다면 나는 아무것도 아닙니다.

내 모든 재물을 가난한 사람들에게 나누어 준다고 해도,

내 몸을 불살라 남에게 내어 준다고 해도

나에게 사랑이 없다면 나는 아무것도 아닙니다.

사랑은 오래 참고 견딥니다.

사랑은 따뜻하고 부드럽습니다.

사랑은 샘내거나 미워하지 않습니다.

사랑은 스스로 자랑하지 않습니다.

사랑은 잘난체하고 뽐내지 않습니다.

사랑은 예의 없이 행동하지 않습니다.

사랑은 자기 이익만을 차리지 않습니다.

사랑은 쉽게 화내지 않습니다.

사랑은 악하고 나쁜 것을 생각하지 않습니다.

사랑은 옳지 않은 일에 기뻐하지 않으며 진리에 즐거워합니다.

사랑은 모든 것을 참으며, 모든 것을 믿으며, 모든 것을 바라며,

모든 것을 견디어 냅니다.

사랑은 절대로 떨어지지 않습니다.

예언은 언젠가 사라집니다.

방언은 언젠가 그치게 됩니다.

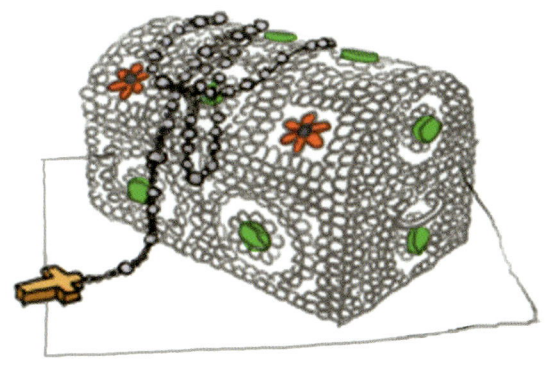

지식도 언젠가는 사라집니다.

우리는 모든 것을 알지 못합니다.

부분만을 알고 부분만을 예언합니다.

그렇기에 완전한 것이 오면 부분적이었던 것은

모두 없어지게 될 것입니다.

내가 어렸을 때에는 아이처럼 말하고 아이처럼 이해하고

아이처럼 생각했습니다.

그러나 어른이 되어서는 어린아이의 모습이 없어졌습니다.

지금 우리는 유리창 너머를 보듯 희미한 것만을 볼 수 있습니다.

그러나 때가 오면 얼굴과 얼굴을 온전히 맞대고 볼 것입니다.

지금 나는 부분적으로만 알고 있을 뿐입니다.

그러나 때가 오면 주님이 나를 완전히 알고 있는 것과 같이

나 또한 완전히 알게 될 것입니다.

마음속에 믿음, 소망, 사랑 세 가지를 항상 간직하세요.

이 가운데 제일은 사랑이랍니다.

56년 빌립보에서

하느님의 뜻으로 예수 그리스도의 사도로 부름을 받은 바울

사랑의 편지 4

사도 바울은 기독교의 전도자가 되어

여러 곳을 떠돌며 기독교를 널리 퍼뜨렸어요.

먼 지방에 예수 그리스도의 말씀을 담은 편지를 보내기도했어요.

바울이 보낸 것 가운데 사랑에 대하여 적힌 이 편지는

노래로도 만들어져 불릴 만큼 사랑받고 있지요.

사랑은 마치 우리 목을 축이는 물과 같아요.

물이 없으면 사람이 살 수 없듯,

사랑이 없다면 사람은 견딜 수 없어요.

세상에 사랑이 결코 모자라지 않도록

넉넉히 사랑을 베풀어 주세요.

빗물이 바다로 가고, 바다가 다시 빗물이 되듯

사랑은 그렇게 돌고 또 돈답니다.

베풀면 베풀수록, 나에게 돌아오는 사랑도 커집니다.

존 키츠가 연인에게
– 나는 사랑을 몰랐습니다

존 키츠(John Keats)
1795~1821
영국의 낭만주의 시인

귀여운 나의 아가씨

당신의 편지는 내게 무엇과도 바꿀 수 없는 커다란 기쁨입니다.

물론 그보다 더 큰 기쁨이 한 가지 더 있습니다.

바로 당신입니다.

나도 모르는 새 나를 지배하는 '사랑'의 힘에

나는 깜짝깜짝 놀란답니다.

당신을 그리고 있지 않을 때조차 신비한 운명의 힘이

제 곁에 머무르고 있는 걸 느낍니다.

나는 사랑의 감미로움을 맛보며

지금껏 단 한 번도 느껴 보지 못했던 행복을 느끼고 있습니다.

당신과 늘 붙어 있지 못하는 게 얼마나 안타까운지.

예전에 나는 사랑을 몰랐습니다.

당신이 나에게 가르쳐 주기 전에는

세상에 사랑이 없다고 생각했습니다.

그러나 사랑은 환상처럼 나에게 다가왔습니다.

흔히들 사랑은 금세 타오르고 금세 꺼진다고 합니다.

저는 당신과의 사랑을 그렇게 만들지 않을 겁니다.

내 사랑을 믿고 내가 당신을 언제든 볼 수 있게,

보고 싶은 마음을 억누르지 않아도 되게 해 주세요.

내 사랑!

당신의 눈에서 기쁨을

당신의 입술에서 사랑을

당신의 발걸음에서 행복을 만나고 싶군요.

나는 행복과 기쁨 속에 당신을 보고 싶어요.

괜한 불안에 떨며 괴로워하는 당신을 보고 싶지 않아요.

내 사랑을 의심하며 쓸데없는 걱정으로 괴로워하지 말아 주세요.

이 이야기는 당신의 기분을 생각해 이만 넘어가겠습니다.

당신은 내가 당신의 아름다움을 말하는 것이 싫은가요?

아름답다는 마음은 사랑보다 앞에 있지 않던가요?

아름다운 걸 아름답게 여기는 마음을 하찮게 여겨서는

안 됩니다.

저는 아름다움을 신성하게 여깁니다.

나는 당신의 아름다움을 마음껏 이야기하고 싶습니다.

제발 허락해 주세요.

언젠가 내가 이런 말을 한 적이 있습니다.

"당신이 나를 사랑하지 않을까 봐 걱정입니다."

그때 당신은 이렇게 말했어요.

"그런 걱정을 하시다니, 너무 속상해요."

당신의 그 말을 듣고, 나는 당신을 더욱 사랑하게 되었어요.

조금이라도 더 당신과 가까워지고 싶었지요.

나는 이곳에서 성실하게 생활하고 있습니다.

매일 시를 쓰고, 시를 다듬는답니다.

나는 여기서 당신과의 사랑을 떠올리며,

당신의 사랑 속에서 살아가고 있어요.

나는 한 편의 시처럼 아름다운 여인을 만났습니다.

그 여인이 당신입니다.

1819년 7월 8일

당신의 영원한 사랑 존 키츠

사랑의 편지 5

존 키츠는 영국의 뛰어난 시인이에요.

키츠는 어려서 고아가 되었고 동생들과의 사이도 좋지 않았어요.

게다가 가난에 시달려 일찍부터 돈을 벌어야 했어요.

키츠는 23살에 밝고 명랑한 옆집 소녀 페니를 알게 되며

처음으로 사랑의 기쁨을 알게 되었어요.

키츠는 25살에 폐결핵으로 죽기 전까지 페니에게

시처럼 아름다운 사랑의 편지를 수없이 보냈어요.

이 편지도 그 가운데 하나랍니다.

하늘에는 별이 있고, 땅에는 꽃이 있듯

사람에게는 사랑이 있어요.

별처럼 빛나는 사랑이,

꽃처럼 향기로운 사랑이

온 세상 사람들 가슴에 피어났으면 좋겠습니다.

희망을 담아 보내는 편지

스콧이 친구에게
나는 절대 꺾이지 않는다

베토벤이 동생들에게
가슴속의 음악을 모두 퍼낼 때까지

마틴 루터 킹이 성직자들에게
아파 보지 않으면 아픔을 모릅니다

잔 다르크가 마을 주민들에게
나를 믿으세요

슈만이 연인에게
나는 행복한 사람입니다

로버트 팔콘 스콧
(Robert Falcon Scott)
1868~1912
영국의 탐험가

스콧이 친구에게
– 나는 절대 꺾이지 않는다

베리

우리들은 지금 남극의 땅 위에 서서 앞으로 가지도

뒤로 돌아가지도 못하고 있어.

너무나 넓고 차가운 땅에는 아무것도 없어. 두려울 정도야.

이 편지가 발견되기를, 자네에게 이 편지가 전해지기를 바라며

나는 지금 이별의 글을 쓰고 있네.

베리, 내 아이들과 아내를 부탁하네.

나와 우리 대원들은 용감한 영국인답게 끝까지 자연과

싸울 거네. 그것이 죽음에 이르는 길이라고 해도 말이야.

우리들은 남극점에 도착해 우리의 목표를 이룩했어.

또 병든 대원을 돌보기 위해 끝까지 애썼지.

우리는 미래의 영국인들에게 모범이 될 걸세.

우리는 남겨진 가족들을 나라에서 돕고

보상해 주리라고 믿는다네.

나는 가엾은 아내와 아들을,

윌슨과 에번스는 아내를 남겨두고 가네.

남은 가족들이 나라의 도움을 받을 수 있도록 자네가 도와주게.

잘 있게나. 죽음은 날 두렵게 하지 못해.

다만 긴 여행을 마치고 집으로 돌아가 하고 싶었던 일들,

그 작은 기쁨들을 누릴 수 없는 것이 안타까울 뿐이야.

나는 훌륭한 탐험가는 못 되었는지도 몰라.

그러나 우리들은 최고의 대탐험을 했고,

위대한 성공의 바로 앞까지 닿았다네.

1912년 로버트 팔콘 스콧

발이 얼어붙었어. 절망적이야.

불을 피울 것도 없고 식량도 떨어졌어.

죽음이 코앞으로 다가왔다네. 그렇지만 안심하게.

텐트 안에는 우리의 힘찬 노랫소리가 퍼지고 있으니.

우리는 끝까지 쾌활함을 잃지 않을 거야.

폭풍이 몰아치는 4일 동안 텐트 속에 갇혀 있어야 했네.

이제 먹을 것도, 연료도 남아 있지 않아.

차라리 여기서 편안히 목숨을 끊을까 생각하기도 했다네.

그러나 그럴 수는 없었어.

우리는 끝까지 갈 거라네.

한 걸음이라도 더 앞으로 나아갈 거야.

그렇게 행군하다 자연에 묻혀 죽으려고 해.

내 마지막 소원이니 아내와 아들을 부탁하네.

혹시라도 나라가 보상을 해 주지 않는다면

내 아들이 보다 나은 인생을 살 수 있도록 기회를 만들어 주게나.

1912년 로버트 팔콘 스콧

희망의 편지 1

로버트 팔콘 스콧은 영국의 남극 탐험대를
지휘해 남극점을 찾아 나섰어요.
그러나 고생 끝에 남극점에 도착했을 때,
그곳에는 이미 노르웨이의 탐험가 아문센이
꽂아놓은 깃발이 펄럭이고 있었어요.
탐험에서 돌아오는 길은 고달팠어요.
끌고 갔던 말이 죽고, 눈보라 속에 갇히고,
하나둘 대원들이 죽어갔어요.
스콧은 품속에 편지를 간직한 채 끝까지 걸음을 내딛었어요.
차가운 길바닥에 쓰러질 때까지도 절대 용기를 잃지 않았지요.

어려운 일이 앞에 닥쳤을 때, 너무 힘들 때,
죽음 앞에서도 당당했던 스콧의 용감함을 떠올려 보세요.
용기를 내 전진할 수 있는 일에
'이젠 안 돼, 너무 힘들어.' 하며 고개를 젓고 있지는 않나요?

루트비히 반 베토벤
(Ludwig van Beethoven)
1770~1827
독일의 작곡가

베토벤이 동생들에게
– 가슴속의 음악을 모두 퍼낼 때까지

동생들에게

너희는 나를 '사람을 싫어하는 고집쟁이'라고 생각하지.

그러나 잘못된 생각이란다.

겉보기에 고집쟁이처럼 보일 뿐이야.

내가 왜 이렇게 되었는지 아니?

내 가슴과 머리는 어려서부터 따뜻한 마음으로 가득했고,

나는 훌륭한 음악가가 되기 위해 계속 노력해 왔단다.

그러나 지난 6년간 나는 큰 병에 시달렸어.

어떤 치료도 소용없었지. 병은 더욱 심해지기만 했단다.

내가 나아질 수 있을까.

예전에 나는 활발하고 정열적인 성격으로 사람들과 어울리는 걸 좋아했단다.

하지만 귀가 나빠진 후로는 사람들이 적은 곳에서
외롭게 살 수밖에 없었어.
귀가 들리지 않는 걸 잊어 보려 노력하기도 했단다.
그러나 가슴에 쓰린 상처만 남게 되었지.
"잘 들리지 않아요. 크게 말해 주시오. 좀 더 크게!"
내가 이렇게 말할 수 있었을 것 같니?
다른 사람들보다 훨씬 뛰어난 귀를 갖고 있던 내가?
나는 도저히 털어놓을 수 없었단다.
결국 나는 사람들과의 자리를 점점 더 피하게 되었지.
그럴 수밖에 없었다.
귀가 잘못된 걸 누구에게도 알리고 싶지 않았으니까.
나는 사람들과 어울릴 수 없고 친구들과

생각을 나눌 수도 없어. 그 때문에 괴로운 줄도 모르고

사람들은 나를 오해하지. 나는 쫓겨난 외톨이란다.

귀를 쉬게 하려고 6개월 전 공기 좋고 조용한 마을로 왔지만

이곳에서도 변하는 건 없었단다.

사람들과 어울리고 싶은 마음이 들 때마다 괴로움은 더해 갔다.

옆자리의 사람은 멀리서 들리는 음악을 듣지만

나는 아무것도 듣지 못해.

다른 사람들이 목동의 노랫소리를 들을 때

내 귀는 아무 소리도 담지 못해.

그때마다 나는 죽어 버리고 싶은 마음에 빠져든다.

이런 나를 구하는 건 오직 예술뿐이야.

내 안에 있는 모든 것을 음악으로 만들어 낼 때까지

살아야 한다고 생각한다.

그래서 이 괴로운 삶을 견디고 있단다.

동생들아, 내가 죽은 다음 내 재산을 나누어 갖도록 해라.

서로 도우며 평화롭게 살 거라.

나 같은 고통을 겪지 않고 행복하게 살았으면 좋겠구나.

너희 아이들에게 사람을 행복하게 하는 건 돈이 아니라

어진 마음이라는 걸 알려 주렴.
잘 있거라.
내 안의 음악을 모두 쏟아 내기
전에는 어떤 운명이 나를
괴롭힌다 해도 죽고 싶지 않구나.
그러나 죽음아,
내 너를 두려워하지는 않을 테다.
언제든지 오너라!

1802년 10월 6일
하일리겐슈타트에서
동생 카를과 요한에게 남기는 유서

추신

이 편지로 너희에게 작별 인사를 남긴다.

이곳에 처음 왔을 때, 나는 희망을 품고 있었다.

병이 좀 나아지리라 믿었지.

이제 희망은 사라졌다.

가을이 오면 나뭇잎이 시들어 떨어지듯

내 희망은 끝났다.

하느님, 단 하루라도 좋습니다.

제게 들을 수 있는 기쁨을 하루 만이라도 주십시오.

제 가슴에 가득 차 있던 환희가 사라진 지 오랜 시간이 흘렀습니다.

거룩하신 분, 다시 한 번 그 환희를 느낄 날이 올 수 있을까요?

희망의 편지 2

베토벤은 젊은 날에 소리가 점점 들리지 않게 되었어요.
슬픔에 빠져서 동생 카를과 요한에게 이 편지를 부쳤지요.
그 후 몇 년 뒤 베토벤은 한 백작 부인에게 이런 편지를 썼어요.
"사람은 끝없이 넓은 정신과 언젠가 사라질 육체를 함께 갖고
있습니다. 사람은 숙명적으로 고난과 환희를 겪기 위해
태어났는지도 모릅니다. 고난을 뚫고 환희로 도달한 사람만이
훌륭한 사람으로 세상의 존경을 받을 것입니다."
베토벤은 귀머거리로 큰 고난을 겪었지만, 그 고통을 이기고
영혼과 마음이 담긴 위대한 음악을 만들어 냈답니다.

쇠는 불에 달구어져 더욱 단단해집니다.
괴로움과 고통은 견디기 어렵지만, 그 힘든 고통을 겪으며
우리는 보다 굳센 정신을 갖게 됩니다.
아무리 어려운 고난이 닥쳐도 두려워하지 마세요.
먹구름이 지나간 뒤에는 언제나 해님이 얼굴을 내민답니다.
우리가 정말 두려워해야 할 건, 중간에 포기하려는 마음이에요.

마틴 루터 킹이 성직자들에게

– 아파 보지 않으면 아픔을 모릅니다

마틴 루터 킹 주니어
(Martin Luther King jr)
1929~1968
미국의 흑인 운동 지도자

여러분

미국에서 가장 흑인을 차별하는 도시가 바로 버밍햄입니다.

흑인 주택이 폭파되고 흑인 교회가 날아가는 일이

가장 많은 도시이지요.

이곳에서 많은 흑인들이 괴로움을 겪으며 살고 있습니다.

우리는 버밍햄의 흑인 차별을 막기 위해 여럿이 함께

비폭력 행진을 했습니다.

비폭력 행진을 통해 흑인들의 어려움을 널리 알리고 싶었습니다.

안타깝게도, 힘을 가진 자들은 스스로 자신들의 이득을

내놓지 않습니다.

오히려 자기들이 가진 이득과 권력을 지키려고 할 뿐입니다.

백인 중심 사회에서의 흑인 문제도 그렇습니다.

힘없는 흑인들이 가만 있는데 힘 있는 백인들이 굳이

흑백 차별을 없애려고 할까요?

우리는 행진과 시위를 통해 흑인의 괴로움을 알려야 합니다.

우리가 행동해야만 우리의 자유를 얻을 수 있습니다.

"기다리시오!"

오랫동안 나는 이 말을 들어 왔습니다.

흑인이라면 몇십 번 몇백 번 들어 왔을 말입니다.

흑인이라는 이유로 고통을 당해 보지 않은 사람들은

"기다리시오!"라고 아주 쉽게 말합니다.

그러나 생각해 보십시오.

사나운 백인들이 여러분의 부모를 마음대로 때린다고

생각해 보세요.

여러분의 형제자매를 멋대로 물에 빠뜨린다고 생각해 보세요.

경찰들이 무서운 얼굴로 여러분의 형제자매에게 욕을 하고

발길질을 하고 때로 죽이는 일까지 벌어진다고 생각해 보십시오.

여섯 살짜리 딸아이가 텔레비전에 나오는 놀이공원에 가자고

할 때 뭐라 말 못하는 흑인 부모가 되어 보십시오.

"흑인 어린이는 놀이공원에 갈 수 없다."는 말에 눈물을 떨구는

어린 딸의 모습을 생각해 보세요.

작은 마음에 상처를 받고, 저도 모르게 백인들을 미워하게 된 조그만 흑인 딸을 보며 눈물짓는 부모가 되어 보세요.

"아빠, 백인들은 왜 흑인들한테 심술궂지요?"

다섯 살 난 아들에게 이런 말을 듣고 어떻게 말해 줄까 고민하는 흑인 부모가 되어 보십시오.

멀쩡한 이름을 갖고도 '검둥이'라는 말을 들어야 한다면 어떨까 생각해 보세요.

이런 생각을 해 본다면 여러분은 우리가 더 기다리지 못하는 걸 이해할 수 있을 것입니다.

기다리는 것만으로는 아무것도 바뀌지 않습니다.

세상의 발전은 저절로 이루어지는 게 아닙니다.

끊임없는 노력을 통해서만 이루어집니다.

만약 노력이 없다면 세상은 그대로 멈추어 버리고 말 것입니다.
세상에는 폭력을 휘두르는 사나운 백인도 있지만,
우리를 이해하는 온건한 백인도 있습니다.
나는 우리를 이해하는 온건한 백인 여러분이 우리의 행동을,
우리의 비폭력 시위와 행진을 이해하고 도와주기를 바랍니다.
내가 너무 많은 기대를 하는지도 모릅니다.
흑인으로 태어나 흑인의 아픔을 겪어 보지 못한 사람이
흑인의 깊은 슬픔과 절망, 그리고 세상을 바꾸고픈 열망을
이해하기는 무척 어려울 테니까요.
다행히도 몇몇 백인 형제들은 우리를 이해하고 우리와 함께
열심히 뛰고 있습니다.
거리에서 함께 행진하다 바퀴벌레로 들끓는 감옥에 갇히기도
했고, '검둥이편이나 드는 더러운 놈'이라는 소리를 들으며

싸늘한 눈총을 받아야 했습니다.

그러나 이들은 꺾이지 않았습니다. 끝까지 함께 싸워 주었지요.

세상을 바꾸기 위해서는 '행동'이 필요하다는 걸 알고 있기 때문이었습니다.

지금은 비록 많은 사람들이 우리의 비폭력 행진과 시위를 의심스럽게 보지만, 나는 버밍햄 운동이 좋은 결과를 가져오리라고 믿고 있습니다.

우리는 버밍햄뿐 아니라 전국 곳곳에서 자유를 얻어 낼 것입니다.

우리의 행동은 흑인들의 자유를 얻기 위한,

그리고 자유의 나라 미국의 민주주의를 이루기 위한 것입니다.

우리는 우리 미국의 민주주의, 모든 사람은 평등하다는

민주주의를 보다 완전히 이루기 위해 노력할 것입니다.

여러분이 이 편지를 읽고 우리 일에 보다 굳은 믿음을 갖게

되시기를 바랍니다.

우리 사는 곳에 피부색으로 사람의 귀함과 천함을

나누는 일이 사라지기를,

오해의 짙은 안개가 걷혀서 사랑으로 가득한 별빛이

이 나라를 비추게 되기를 간절히 바랍니다.

평화와 형제애를 위하여

마틴 루터 킹 주니어

희망의 편지 3

노벨 평화상을 받은 흑인 목사 마틴 루터 킹주니어는
이런 연설을 했어요.
"나에게는 꿈이 있습니다. 언젠가는 조지아의 붉은 언덕에서
노예의 자녀들과 노예 주인의 자녀들이 형제처럼
한 식탁에 앉는 꿈입니다. 언젠가는 나의 어린 아들과 딸이
백인의 자녀들과 형제자매가 되어 손에 손을 잡고
살아갈 것이라는 꿈입니다."
킹 목사는 흑인들이 차별받는 세상을 없애기 위해
흑인들을 지도해 비폭력 시위와 행진을 했어요.
킹 목사는 '행동'을 중요하게 생각했어요.
행동하지 않으면 변화가 올 수 없다고 여겼지요.

듣지 않는 건 듣는 것보다 못하고
듣는 것은 보는 것보다 못합니다.
보는 것은 아는 것보다 못하고
아는 것은 이를 행동하는 것보다 못합니다.
행동을 시작하세요.
어떤 멋진 생각도 작은 행동 하나보다 훌륭하지 못하답니다.

잔 다르크가 마을 주민들에게

– 나를 믿으세요

잔 다르크
(Jeanne d'Arc)
1412~1431
프랑스를 구한 애국 소녀

사랑하는 주민 여러분!

잔은 여러분들과 어서 빨리 만나고 싶습니다.
저는 여러분의 편지를 받아 보았어요.
도시가 곧 적들에게 둘러싸일 것 같다고
적혀 있더군요.
여러분의 불안한 마음이 느껴져
안타까웠어요.
적들이 여러분의 도시로 가기 전에
저와 먼저 마주친다면
그들은 여러분의 도시 앞까지 갈 수 없을 거예요.
만약 제가 늦게 도착해
여러분의 도시가 이미 적들에게 둘러싸이게

된다면 성문을 굳게 닫아걸도록 하세요.

그리고 마음 깊이 믿어 주세요.

'잔은 곧 온다.'라고요.

도시가 적들에게 둘러싸여 있는 걸 제가 보게 된다면

저는 적들을 모조리 몰아낼 거예요.

여러분은 성실하고 훌륭한 주민들이세요.

이만 쓰겠습니다.

주민 여러분께 신의 가호가 함께하기를.

3월 16일, 쉴리에서

잔

추신

여러분에게 기쁜 소식을 자세히 전하고 싶군요.

그렇지만 이 편지가 행여 적군의 손에 들어간다면

적에게 우리 소식이 알려지게 될 거예요.

짧은 편지를 이해하세요.

희망의 편지 4

잔 다르크는 프랑스의 작은 시골 마을 소녀였어요.
영국과의 전쟁이 길어지던 어느 날, '프랑스를 구하라.'는
신의 말씀을 듣고 전쟁터로 용감히 뛰어들었지요.
잔은 수많은 전투를 승리로 이끌었어요.
영국군은 잔이 입은 하얀 갑옷만 봐도 벌벌 떨며 도망을 쳤답니다.
잔은 신의 말씀을 굳게 믿었고,
그 믿음 덕에 100배의 용기를 가질 수 있었어요.

'겨자씨만 한 믿음만 있어도 못할 것이 없다.'라는 말이 있어요.
믿음은 아무리 어렵고 힘든 일이라도
포기하지 않고 해낼 수 있는 용기를 줍니다.
'내가 할 수 있을까?' 하고 의심하지 마세요.
의심은 실패와 실망을 만들고 믿음은 성공과 기쁨을 만듭니다.
'난 할 수 있어.'라는 말은 어떤 마법의 주문보다 강하답니다.

슈만이 연인에게
– 나는 행복한 사람입니다

로베르트 슈만
(Robert Alexander Schumann)
1810~1856
독일의 작곡가

얼마 전 보내 준 당신의 편지 덕에 내 마음은 행복으로

가득합니다. 세상의 수많은 말 가운데 가장 아름다운 말로

당신을 부르고 싶습니다.

그런데 아무리 찾고 또 찾아도

'그대'라는 한 마디 단순한 말보다 더 아름다운 걸

찾을 수 없군요.

사랑하는 그대여, 당신이 내 사람이라는 게 얼마나 기쁜지.

하루에도 몇 번씩 가슴이 벅차와 눈물이 흐를 것 같습니다.

당신이 보내 준 편지를 받고 얼마나 기뻤는지 모릅니다.

당신의 깊은 사랑을 편지에서 느낄 수 있어서 더욱 기뻤답니다.

클라라, 나의 사랑. 당신을 위해 내가 못할 게 뭐가 있을까요?

먼 옛날 기사들은 오히려 행복했던 것 같습니다.

무서운 괴물과 싸워 이기거나 위험한 일을 해내는 것으로
연인에게 자신의 뜨거운 사랑을 보여 줄 수 있었으니까요.
오늘날에는 기사들처럼 용감하게 사랑을 드러낼 방법이 없으니,
정말 아쉬운 일입니다.
나에게 글솜씨가 있었다면 좋았을 것을.
그랬다면 내 마음에서 들끓는 수만 가지 생각을
모두 글로 써서 당신에게 바칠 수 있었을 텐데.
당신 앞에서 나는 점점 흐트러져 어리석은 남자가 되고 맙니다.
나는 두렵습니다.
당신의 얼굴이 아른아른 떠오르면 마음이 몹시 헝클어지며
이런 생각이 떠오릅니다.
'나는 그동안 바르게 살아왔던가?
'당신을 내 사람으로 해도 될까? 그런 자격이 나에게 있을까?
'나의 천사, 나의 사랑을 행복하게 하려면 어떻게 해야 할까?
또, 결혼을 반대하는 당신의 아버지가 떠올라
마음이 무거워집니다.

나는 남들이 뭐라 떠들든 신경 쓰지 않습니다만,

당신 아버님이 나를 싫어하시는 건 무척 견디기 어렵습니다.

내가 그토록 믿음직스럽지 못할까 하는 생각이 드니까요.

하지만 이 어려움만은 꼭 이겨 낼 것입니다.

나는 그동안 앞에 놓인 어려움을 넘지 못한 일이 많이 있습니다.

그로 인해 좋은 기회를 많이 놓쳤지요.

하지만 이제는 어떤 어려움이 닥치더라도,

아무리 화가 나거나 속상한 일이 벌어지더라도

나는 피하지 않겠습니다.

마음을 단단히 먹고 바로 보며 맞서겠습니다.

때가 오면 당신과 당신 아버님께

내가 당신을 얼마나 사랑하는지 보여드리겠습니다.

나는 당신의 아버님을 존경합니다.

그래요. 무척 훌륭하신 분입니다.

제 마음을 알게 되면 아버님도 말씀해 주시겠지요.

"너희 뜻이 그렇다면 함께 살 거라."라고요.

당신의 편지는 내 마음에 새로운 음악이 샘솟게 합니다.

또 저를 더욱 강한 사람으로 만들어 줍니다.

당신이 자랑스럽습니다.

당신이 나를 자랑스러워하는 것보다 훨씬 더

당신이 자랑스럽습니다.

나의 마음 나의 몸은 모두 당신의 것입니다.

말로 다 이야기할 수 없을 만큼 당신을 사랑합니다.

당신도 나의 사랑을 느끼고 계시겠지요?

어젯밤 당신은 귀여운 모자를 쓰고 있었습니다.

저에게 '그대'라고 불러 주셨지요.

그 소리가 여전히 제 귓가를 맴돌고 있답니다.

클라라, 당신도 어제 일을 기억하실 겁니다.

그보다 오래전 당신 모습들도 떠오릅니다.

특히 음악회에서 우리의 눈이 마주쳤던 때를 잊을 수 없습니다.

그때 나는 당신의 아름답고 신비한 눈에 빠져 버렸습니다.

그날 이후, 제 마음 속에는 당신이 오롯이 들어앉게 되었지요.

당신을 사랑하는 내 마음을 모두 보여 줄 수 있다면 좋을 텐데.

아쉬움을 참으며 이만 줄입니다.

슈만

희망의 편지 5

로베르트 슈만은 독일의 작곡가로
아름다운 피아노곡을 많이 만들었어요.
어느 날 슈만은 피아노 선생의 딸 클라라와 사랑에 빠졌어요.
피아노 선생은 클라라가 아깝다고 생각해 결혼을 반대했어요.
슈만은 편지에서 이렇게 말합니다.
"나는 그동안 앞에 놓인 어려움을 넘지 못한 일이 많이 있었습니다.
그로 인해 좋은 기회를 많이 놓쳤지요. 하지만 이제는 어떤
어려움이 닥치더라도, 나는 피하지 않겠습니다."
결국 슈만과 클라라는 반대를 무릅쓰고 결혼에 성공했어요.

가시에 찔리지 않고는 장미를 꺾을 수 없듯이
고난을 넘지 않고서는 어떤 일도 이루지 못해요.
기회는 고난과 함께 찾아오고,
고난을 겪은 만큼 우리는 강해집니다.
힘들다고 걸음을 멈추지 마세요.
하늘은 우리가 넘지 못할 시련을 주지 않으니까요.

 미라보가 연인에게
잃어버린 다음에야 알게 되는 것

 월터 배젓이 연인에게
나는 본래 뻔뻔합니다

 마하트마 간디가 영국 총독에게
욕심을 던져 버리세요

 도산 안창호가 아들에게
좋은 사람이 되어야 한다

미라보가 연인에게

– 잃어버린 다음에야 알게 되는 것

오노레 미라보
(Honoré Gabriel Riquetti
Comte de Mirabeau)
1749~1791
프랑스 혁명기의 정치가

'사랑하는 사람과는 함께 있어라.

말을 나누고 있든 아무 말도 나누지 않고 있든

서로에 대해 생각하고 있든 서로를 생각하지 않든

아무 문제도 되지 않는다.'

라 브뤼예르의 이 명언은 나의 마음을 대신하는 말입니다.

그대여, 이보다 더 큰 진실이 어디 있을까요. 사랑하는

사람끼리 서로의 한 부분이 되어 가는 건 당연한 일일 겁니다.

우리가 헤어지고 3개월이 흘렀습니다.

당신과 나는 따로따로 떨어져 지내야 했지요.

그동안 나는 당신이 더 이상 내 사람이 아니라는 것에,

내 행복이 깨어져 버렸다는 것에 미치도록 괴로웠습니다.

나는 지금도 여전히 당신을 그리워하고 있습니다.

매일 아침잠에서 깰 때마다 당신을 찾고,

꼭 몸의 한 부분이 떨어져 나간 듯한 슬픔에 빠집니다.

나는 되풀이해 생각하고 또 생각합니다.

'내 사랑하는 여인은 어디로 갔을까?

당신과의 추억이 잊히지 않기에

나는 당신이 떠난 자리를 보며 아픔을 느낍니다.

잃어버린 다음에야 그게 얼마나 중요한 것이었다는 걸

알 수 있다고 하더니,

나는 당신을 잃고 나서야 큰 행복을 놓쳤다는 걸 알게 되었습니다.

우리는 하늘이 갈라놓기 전까지 헤어져서는 안 되었습니다.

당신을 다시 만나기 전까지

내 눈물은 결코 마르지 않을 테지요.

소피, 내 사랑하는 이여!

우리의 상처는 쉽게 나을 수 없는 것입니다.

사랑이 깊었던 만큼 슬픔도 깊을 테니까요.

1780년

오노레 미라보

행복의 편지 1

오노레 미라보는
프랑스 혁명 때의 정치가였어요.
멋진 웅변 실력 덕에 국민들의 인기를 한몸에 얻었지요.
이 편지는 소피라는 여인과 아버지의 반대로 헤어진 다음에 쓴
편지예요. 미라보는 편지에서 이렇게 말합니다.
'당신을 잃고 나서야 큰 행복을 놓쳤다는 걸 알게 되었습니다.'

주위를 한번 둘러보세요. 소중한 사람들이 보일 거예요.
함께 장난치고 때로 싸우는 단짝,
즐겁고 유쾌한 같은 반 친구들,
환하게 웃어 주는 좋은 이웃들.
곁에 있는 걸 당연하게 여겨 혹 소홀히 하고 있지는 않나요?
잃어버리는 건 금방이지만
되찾는 건 무척 어려운 일이에요.
나를 둘러싼 것들에 감사하고, 소중하게 지켜갈 때,
행복도 함께 머물게 된답니다.

월터 배젓이 연인에게
– 나는 본래 뻔뻔합니다

월터 배젓(Walter Bagehot)
1826~1877
영국의 경제학자

사랑하는 엘자

당신의 친절하고 즐거운 편지에 답장을 쓰고 나니

그 답장이 너무 딱딱하지 않았나 걱정이 들더군요.

여러 사람들이 떠드는 곳에서 급하게 쓴 편지라서요.

나는 당신의 편지를 읽고 또 읽었답니다.

이제는 눈을 감고도 외울 수 있을 것 같습니다.

한밤에 문득 깨어나 촛불을 켜고 몇 번이나 다시 읽기도 했지요.

당신에게 편지를 받기 전까지,

나는 편지가 이렇게 기쁜 것인지 몰랐습니다.

당신은 편지를 술술 쓰는 것 같습니다.

당신의 편지는 술술 읽히거든요.

그렇지만 당신의 글에는 깊은 배려가 들어 있어요.

수줍음의 향기도 담겨 있지요.

처음 당신과 만났을 때,

시골의 온실에서 처음 만난 그때에

우리는 즐겁게 이야기를 나누었습니다.

그 후로 내 마음에는 기쁨과 행복이 넘쳐났어요.

내가 처음으로 엄청난 행복을 맛보았던 순간을 아십니까?

바로 당신을 알게 되고, 당신을 사랑하게 된 그 순간이었습니다.

당신이 내 글을 좋아한다는 걸 알게 된 후

문학이 더욱 새로이 보이더군요.

몇 번이나 당신을 찾아갔더랬습니다.

내 솔직한 마음을 당신에게 모두 보여 주고 싶었습니다.

하지만 사랑한다고 말하기까지는 무척 힘이 들었습니다.

말하고 나니 무척 기쁩니다.

편지를 '사, 랑, 해, 요'라는 글자로만 꽉 채우고 싶습니다.

유치하다고요? 내 교양이 의심스럽다고요?

그래도 할 수 없어요. 그렇게 쓰지 않고는 못 견딜 것 같은

심정인 걸요.

며칠 전 낡은 상자 속에서 예전에 써 놓았던 시를 발견했답니다.

오래전 당신에게 들려주었던 시를요.

부끄러운 시인지라 아주 잃어버렸으면 했는데,

몇 년 만에 되찾고 말았군요.

당신께 부칠 테니 부디 읽어 주세요.

여자 주인공의 이름은 오레이티아랍니다.

그리스 신화에서는 북풍의 신이 오레이티아를 사랑하지만

내 시에서는 북풍의 신과 오레이티아가 서로 사랑합니다.

나는 이 시를 쓸 때 사랑에 빠진 오레이티아의 마음이 어떠한지

짐작해 보는 게 너무 어려웠습니다.

당신의 마음에 대해서도 나는 마찬가지로 어려움을 느낍니다.

희미한 불 아래 당신의 편지를 읽다 보면

나도 모르게 중얼거리곤 한답니다.

"신비하고 고상한 사람, 이런 사람이 나의 여인이라니!"

그러고 나서 나는 소파를 풀쩍 뛰어넘고

거실을 쿵쿵 뛰어다닙니다.

어린아이같이 행동한다고 탓하지 말아 주세요.

나는 본래 뻔뻔하답니다.

좋아하는 사람 앞에서는 무뚝뚝해지기도 하고요.

당신이 나의 마음을 모두 알 수 있게

진지함과 사랑을 담아 편지를 쓰고 싶습니다.

그런데 펜이 말썽을 부리네요.

펜은 내 뜻대로 움직이기 싫은가 봅니다.

1857년 11월 22일

당신이 가장 좋아하고 사랑하는 월터 배젓

행복의 편지 2

월터 배젓은 영국의 경제학자예요.
이 편지는 영국의 주간지 〈이코노미스트〉를 만든
제임스 윌슨의 딸 엘리자베스에게 보낸 것이에요.
두 사람은 행복한 결혼식을 올렸고, 뛰어난 머리와 글 솜씨를 가진
배젓은 〈이코노미스트〉의 편집자가 되어 이름을 날렸어요.

사랑하는 가족끼리, 친구끼리
짧은 쪽지, 한 장의 엽서, 한 통의 편지를 주고받게 된다면
그 사이는 더욱 단단해지고 따뜻해질 거예요.
사랑이 담긴 글 속에는
행복의 씨앗이 숨어 있는 법이거든요.
뭐라고 써야 할지 모르겠다고요?
걱정 마세요.
'사랑해.'
이 한 마디만 적어도 충분하답니다.

마하트마 간디가 영국 총독에게
– 욕심을 던져 버리세요

마하트마 간디
(Mahatma Gandhi)
1869~1948
인도의 민족 운동 지도자

어얼 경

나는 한 포기 풀, 한 마리 동물, 한 명의 사람도 해치지 못합니다.

나나 가족들에게 끔찍하게 나쁜 일을 저지르는 사람조차

나는 해치지 못합니다.

그래서 나는 영국이 인도를 지배하는 게 잘못되었다는 걸 알고

있으면서도, 영국에 어떤 잘못도 끼치고 싶지 않습니다.

나를 오해하지 마세요.

영국이 인도를 지배하는 건 잘못된 일이지만

그렇다고 영국 사람들을 나쁘게 여기는 건 아니니까요.

나는 영국이 인도에 잘못하고 있다는 것을 영국인들이 쓴 글에서

알게 되었습니다.

정직하고 용감한 영국인들은 영국의 잘못을 잘못이라고

사실대로 알릴 줄 알았습니다.

나는 영국의 지배가 잘못된 것이라고 생각합니다.

영국은 우리 인도 사람들을 노예처럼 만들었습니다.

영국은 인도의 고유한 문화를 파괴했고

우리들의 정신과 마음을 노예처럼 길들였습니다.

결국 우리는 모든 것을 잃은 채, 비굴한 사람이 되고 말았지요.

나는 지난번 마련된 회의에서 인도에 희망을 가져다 줄 제도가

마련되기를 간절히 바랐습니다.

그러나 회의 후 바뀐 건 아무것도 없습니다.

우리는 아무 약속도 받지 못했습니다.

영국은 아무것도 바꿀 생각이 없는 듯합니다.

이대로 가다간 수백만 명의 인도인이 더욱 가난해지고,

결국 굶어 죽는 사람들이 나오게

될 텐데도 말입니다.

나는 최근에 독립이 왜 필요한지

여러 사람들에게 알렸습니다.

가장 중요한 것은 세금입니다.

영국의 제도는 농민에게 있는 대로 쥐어짜게끔

정해져 있나 봅니다.

인도의 가난한 농민들은 영국이 붙인 세금 때문에

커다란 고통을 받고 있습니다.

생활에 꼭 필요한 소금에 붙어 있는 세금은 엄청납니다.

게다가 식료품, 약품의 세금까지 내야 합니다.

세금은 가난한 사람들을 더욱 가난하게 만들고 있습니다.

결국 인도는 가난한 나라가 되었고, 영국에 엄청나게 많은 빚을

지게 되었습니다.

그 빚은 과연 당연히 져야만 하는 것이었을까요?

당신의 봉급은 하루에 700루피입니다.

인도 사람들의 수입은 하루에 2안나도

안 됩니다.

당신은 인도 사람들의 5천 배가 넘는 돈을 받고 있어요.

왜 이렇게 되었는지, 진지하게 생각해 주십시오.

마음 상하지는 마세요. 가까운 예를 든 것뿐이니까요.

나는 당신을 존경합니다.

그저 이런 일이 일어나게 되는 제도, 영국의 인도에 대한 제도가 잘못되었음을 알아주시길 바라기 때문에 하는 말입니다.

지난 번 시위가 벌어졌을 때, 수십만 명의 시골 사람들이 앞다투어 나섰던 것도 세금 때문이었습니다.

그들은 고통스럽고 괴로운 세금 부담에서 벗어나기 위해 독립을 외쳤습니다.

영국에서 인도에 아무런 조치도 하지 않는다면 우리는 스스로의 힘으로 무거운 세금에서 벗어날 방법을 찾아야만 합니다.

나는 영국에 맞설 수 있는 힘은 비폭력주의뿐이라고 생각합니다.

어떤 사람들은 비폭력주의에 아무 힘도 없다고 여깁니다.

그러나 비폭력주의는 폭력을 이기는 강한 힘을 지니고 있습니다.

나는 비폭력으로 영국을 이해시킬 것입니다.

일부러건 아니건 자기들보다 훨씬 크고, 훨씬 오래된, 뛰어난 문화를 가진 민족을 자신들이 짓밟았다는 사실을 이해시킬 것입니다.

분명 보람 있는 일이 될 것입니다.

나는 인도와 영국 모두에 도움이 되는 사람이 되고 싶습니다.

나는 나의 가족을 사랑하듯 당신의 민족을 사랑합니다.

그런데도 영국과 관계를 끊으려고 하는 것은

영국이 인도에 저지르는 잘못 때문입니다.

영국이 온갖 욕심을 던져 버린다면

인도의 독립을 인정하는 일이 어렵지 않을 것입니다.

인도와 영국이 서로 돕고 함께 행복해지는 길이 열릴 것입니다.

다시 한번 회의를 열고 이야기를 나누어야 합니다.

그러나 영국에 회의를 열고 이야기를 할 마음이 없다면

나는 이달 11일에 나와 행동을 함께하는 인도 사람들과 함께

직접 소금을 만들어 먹겠습니다.

소금에 붙은 세금은 가난한 사람들의 가장 큰 고통입니다.

영국에서는 인도 사람들이 소금을 직접 만드는 걸 법으로

금지했으나, 우리는 잘못된 법을 그대로 지키고 있을 수는

없습니다.

나를 체포해 이 계획을 막을 수도 있겠지요.

그러나 수만 명의 사람들이 나와 같은 생각으로 같은 일을

할 것이라는 사실을 알아주십시오.

당신이 받아들일 수 없는 일을 억지로 하고 싶지는 않습니다.

내 편지를 읽고 나와 의논하기를 바란다면 연락을 주십시오.

그러나 그럴 생각이 없다면 나의 생각을 꺾으려 하지

말아 주세요.

1932년 3월 2일

마하트마 간디

행복의 편지 3

'위대한 영혼' 마하트마 간디는 인도의 독립을 위해
비폭력 운동을 벌였어요.
영국은 인도를 포함한 다른 많은 나라들을 식민지로 두고
식민지 사람들에게 많은 세금을 내도록 했어요.
영국은 부자가 되었고, 식민지들은 영국에 큰 빚을 지게 되었지요.
이 편지는 간디가 영국의 인도 총독이었던 어얼 경에게 보낸
것이에요. 영국이 인도에 어떤 잘못을 하고 있는지 알리고 있지요.
간디는 이렇게 말합니다.
"영국이 온갖 욕심을 던져 버린다면, 인도와 영국이 함께 행복해지는
 길이 열릴 것입니다."

욕심은 아무리 채워도 끝이 없어요.
은을 얻으면 금이 갖고 싶고,
금을 얻으면 보석을 탐내게 되지요.
더욱더 많은 것을 바랄 뿐, 가진 것에 만족하지 못하기 때문에
욕심이 많은 사람은 언제나 불행합니다.
욕심과 행복은 한자리에 있지 못한답니다.

도산 안창호가 아들에게

– 좋은 사람이 되어야 한다

안창호(安昌浩)
1878~1938
독립운동가

사랑하는 아들 필립

어머님의 편지를 받아 보았다.

네가 넘어져 팔을 다쳤다는 소식이 들어 있어

매우 걱정되는구나.

팔이 낫거들랑 내게 바로 알려라.

한 학년 올라가게 된 것을 축하한다.

아버지는 무척 기쁘구나.

나는 이곳에 편안히 잘 있다.

미국 국회의원들이 동양에 온다고 해 홍콩으로 왔다만 그들이

이곳에 들르지 않아 만나지는 못했단다.

나는 곧 상하이로 돌아갈 거란다.

필립, 내 아들아.

키가 크고 몸이 커지는 만큼 스스로 좋은 사람이 되려고

힘써야 한단다.

네가 어리고 몸이 작았을 때보다 더욱더 힘써야 하지.

스스로 좋은 사람이 되려고 노력하는 네 모습을

내 눈으로 직접 보고 싶구나.

너는 워낙 남을 속이지 않고 진실한 사람이라

좋은 사람이 되기도 쉬울 거란다.

좋은 사람이 되려면 진실하고 깨끗해야 해.

또, 좋은 친구를 가려 사귀어야 한단다.

그게 좋은 사람이 되는 첫 번째 조건이지.

더욱 부지런해져라. 어려운 일도 열심히 견디거라.

책은 부지런히 보고 있니?

아무 책이나 읽지 말고, 좋은 책을 골라 꾸준히 읽어라.

좋은 책을 가려 보는 것이 좋은 사람이 되는 두 번째 조건이란다.

좋은 친구를 사귀고 좋은 책을 읽는 일을 멈추지 말아라.

책은 두 종류를 택하렴.

한 가지는 좋은 사람들의 이야기가 담겨 있어 본받을 수 있는 책,

다른 한 가지는 너의 공부에 필요한 지식을 얻기 위한 책이다.

또, 우리 글과 책을 잘 익혀라.

즐거운 마음으로 내 말을 따라 주겠지?

너를 믿는다.

　　　　　　　　　　　　1920년 홍콩에서 아버지가

행복의 편지 4

도산 안창호는 우리나라의 독립을 위해서 애쓴 독립운동가예요.
미국으로 건너가 공부를 하며 교포들을 모아
'흥사단'이라는 민족 운동 단체를 만들었지요.
도산은 독립운동을 하느라 오랫동안 가족과 떨어져 있어야 했어요.
편지를 주고받는 것으로 그리움을 참아야 했답니다.
이 편지는 맏아들 필립에게 보낸 것이에요.
진실한 사람이 되라는 아버지의 당부가 담겨 있지요.

거짓말쟁이의 가장 큰 슬픔은 무엇일까요?
다른 사람이 나를 믿지 못하는 것?
내가 솔직히 말해도 믿어 주지 않는 것?
아니랍니다.
가장 큰 슬픔은 '아무도 나를 믿을 수 없게 되는 것'이에요.
정직함을 잃지 마세요.
세상에서 가장 오래가는 행복은 정직함에서 시작된답니다.

생각을 담아 보내는 편지

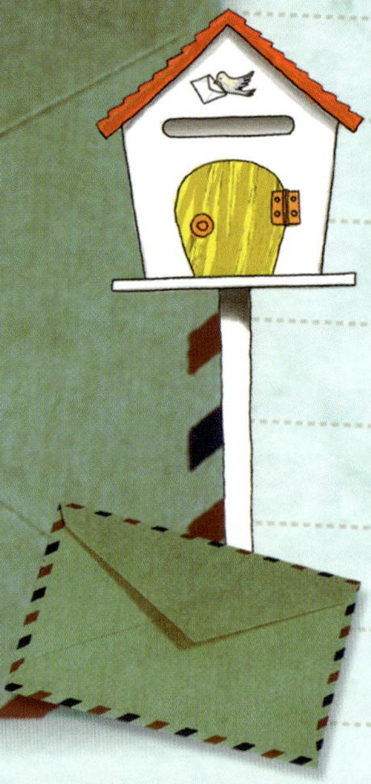

카프카가 연인에게
한마디 말의 소중함

시애틀 추장이 미국 대통령에게
공기를 사고팔 수 있을까?

오스카 와일드가 친구에게
자네 글씨를 정말 못 쓰는군

릴케가 한 문학 청년에게
생각하고 또 생각하세요

이황이 손자에게
세월은 물처럼 흐른단다

갈릴레이가 동료에게
달은 울퉁불퉁 곰보라네

프란츠 카프가
(Franz Kafka)
1883~1924
유대계 독일인 소설가

카프카가 연인에게

― 한마디 말의 소중함

사랑하는 이여

나를 괴롭히지 말아요.

첫 번째 도착한 우편물에도, 두 번째 도착한 우편물에도

당신의 편지는 없더군요.

당신은 나를 고통스럽게 합니다.

단 한마디라도 좋으니 당신의 글이 쓰인 편지를 받고 싶습니다.

당신은 나에게 많은 편지를 받았으면서도

답장을 보내 주지 않으시는군요.

왜 답장이 없는지 모르겠습니다.

답장을 하지 못하는 이유를 편지로 써 보내셨다면

지금처럼 답답하지는 않을 텐데.

당신의 답장을 기다리는 동안

하루하루가 끔찍하고 지루하게 흘렀습니다.

이제 당신의 편지를 포기해야겠다는 생각이 듭니다.

나에게는 아무 희망도 없습니다.

당신이 침묵 속에서라도 나를 위해 기도해 주기를 바랍니다.

이 편지가 배달되지 못했으면 좋겠습니다.

그렇지만 나는 이 편지를 부칠 것입니다.

답장은 오지 않겠지요.

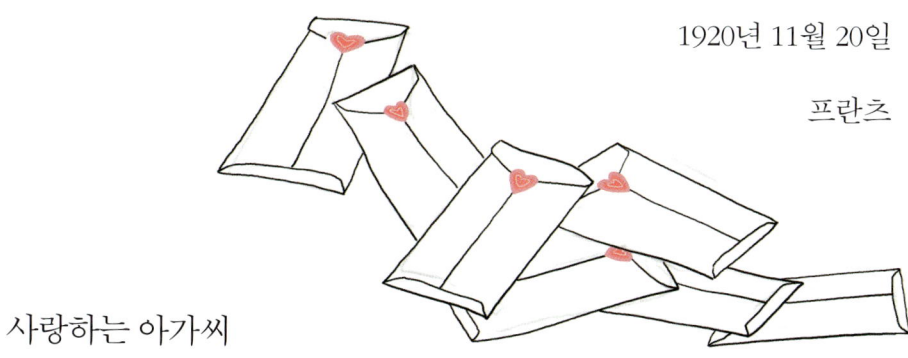

1920년 11월 20일

프란츠

사랑하는 아가씨

지금은 새벽 1시 30분입니다.

지난 아침에는 내 감정이 너무 격해져 있었습니다.

아침에 내가 보낸 편지를 읽고 마음 상하지는 않으셨나요?

내가 내 생각만 하며 당신에게 화를 냈나 봅니다.

당신에게도 사정이 있는 것인데.

나를 용서해 주세요.

만약 나를 용서하신다면 장미꽃 한 송이를 보내 주십시오.

이제 와 가만히 생각해 보니

나는 정말 화가 났던 것도 아니었습니다.

그저 울적하고 쓸쓸한 마음이 들었던 것뿐인데,

마음 내키는 대로 편지를 써 당신에게 실수를 하고 말았습니다.

내가 하고 싶었던 말은 단지 이것뿐이었습니다.

'곁에 있어 주세요. 나를 떠나지 말아요.'

아침에 쓴 편지에는 내 마음속 생각과 다른 말이

들어 있었을지도 모릅니다.

만약 그런 말이 아침 편지에 적혀 있었다면 모두 잊어 주세요.

그것 때문에 속상하실 필요는 전혀 없으니까요.

그저 내 마음이 무척 쓸쓸했다는 걸,

그래서 당신이 떠나갈까 두려워했다는 것만을 생각해 주세요.

살아간다는 건, 무척이나 힘들고 슬픈 일입니다.

만약 내가 말실수를 했다고 해도,

그 한마디 말 때문에 당신을 포기할 수는 없습니다.

한마디 달콤한 말로 당신을 사로잡을 수 없는 것처럼 말이죠.

화를 풀고 악수를 해 주세요.

당신의 손을 잡고 싶습니다.

우리가 손을 잡아야 했던 순간들을 기억하실 겁니다.

방에 들어가 처음으로 손을 잡았을 때,

팔레스타인으로 여행을 가기로 약속하며 손가락을 걸었을 때,

그리고 엘리베이터 앞에서 우리가 손을 잡았던 때…….

당신의 손이 저에게 내밀어지기를

나는 그때보다 더욱 간절히 바랍니다.

당신에게 입맞춤을 해도 될까요?

이 초라한 종이 위에 할까요?

차라리 창문을 열고 밤공기에 입을 맞추겠습니다.

내 사랑, 화를 풀어 주세요.

나는 그것만을 바라고 있답니다.

1912년 11월 21일

프란츠

생각의 편지 1

프란츠 카프카는 훌륭한 소설가이면서
지방 보험국의 평범한 직원이기도 했어요.
보험국에서 일하며 《변신》《심판》 등의 뛰어난 소설을 썼지요.
카프카는 연인과 수백 통의 편지를 주고받았어요.
이 두 통의 편지는 카프카가 연인에게 하루건너 보낸 것이에요.
첫 번째 편지에는 답장이 없는데 대한 속상함이 적혀 있어요.
'한마디라도 답장을 해 주세요.'
두 번째 편지에는 성급히 앞의 편지를 보낸 데 후회하고 있어요.
'한마디라도 실수가 있었다면 용서하세요.'

한마디 말은 약이 될 수도 있고 독이 될 수도 있어요.
한마디 말로 천 냥 빚도 갚을 수 있지만
한마디 말실수는 상대에게도 나에게도 큰 상처가 된답니다.
쏟아진 물을 주워 담을 수 없듯이
입 밖으로 나온 말은 되돌릴 수 없으니까요.
한 번만 더 생각하세요.
그 다음 말을 꺼내도 늦지 않아요.

시애틀 추장
(Chief Seattle)
?~1866
아메리카 원주민 추장

시애틀 추장이 미국 대통령에게
– 공기를 사고팔 수 있을까?

위대하고 훌륭한 흰 얼굴 추장은 우리의 땅을 사고 싶다고 했다.

우리에게 아무 불편 없이 살도록 해 주겠다는 말도 함께 했다.

우리는 우리의 땅을 사겠다는 당신의 말을 깊이 생각하고 있다.

나의 부족은 내게 물어볼 것이다.

"백인 추장은 무얼 사겠다는 거죠?"라고.

우리들은 '땅을 산다'는 게

무엇인지 알지 못한다.

어떻게 공기를 사고팔 수 있을까?

어떻게 이 땅의 따뜻함을

사고팔 수 있을까?

상상도 할 수 없다.

부드러운 공기, 속살거리는 시냇물에

주인이 있을 수 있단 말인가?

당신들은 어떻게 그것들을 사겠다고 하는 건가?

햇살 아래 소나무, 바닷가의 모래사장, 어두운 숲의 안개,

노래하는 벌레 한 마리까지 우리 붉은 얼굴들에게는 신성하다.

우리와 땅은 한가족이다.

들꽃은 우리의 누이이다.

순록과 말과 독수리는 우리의 형제다.

흐르는 강물과 꽃의 즙, 조랑말의 땀, 사람의 땀은 모두 하나이다.

워싱턴의 흰 얼굴 대추장의 "땅을 사겠다."는 말은

우리에게 무척 중요하다.

우리에게 땅을 파는 것은 우리의 누이와 형제,

우리 자신을 파는 것과 같기 때문이다.

우리는 우리의 아이들에게 땅이 우리의 어머니라고 가르친다.

당신도 이 땅에서 살아갈 당신의 아이들에게

가르쳐 주기를 바란다.

사람과 땅은 가족이라는 것을.

땅이 풍요로울 때 우리 삶도 풍요롭다는 것을.

땅에 일이 생기면 가족인 사람들에게도 일이 생긴다.

땅을 파헤치는 것은 사람의 삶을 파헤치는 것과 같다.

얼마 후 당신의 부족이 홍수처럼 밀려와 이 땅을 덮을 것이다.

나의 부족은 썰물이 빠지듯 사라질 것이다.

우리는 얼마 후 이 땅을 넘기고 당신이 마련해 준

땅으로 가게 될 것이다.

몇 번의 겨울이 흐르면 붉은 얼굴들은 이 땅에서 사라질 것이다.

한때는 누구보다 큰 희망과 용기를 갖고 있던

한 부족의 아들들이.

그러나 나는 내 부족의 운명을 슬퍼하지 않는다.

하나가 오면 하나가 간다.

하나가 커지면 하나가 작아진다.

한 부족이 커지면 한 부족이 작아진다.

당신의 부족 또한 언젠가 힘을 잃는다.

그것이 세상 모든 것들의 운명이다.

우리는 알고 있다. 신은 하나라는걸.

붉은 얼굴 사람이든 흰 얼굴 사람이든 따로 나뉠 수 없다.

우리 모두는 결국 형제이다.

시애틀

생각의 편지 2

인디언 수카미시족과 두와미시족의 추장 시애틀은
1885년에 미국 대통령으로부터 편지 한 통을 받았어요.
편지에는 "당신들의 땅을 미국에 파시오.
당신들이 살 땅을 따로 마련해 주겠소."라는 말이 적혀 있었어요.
땅을 팔라는 점잖은 말이 쓰인 이 편지는 사실 협박과 똑같았어요.
미국에는 강력한 총으로 무장한 수많은 병사들이 있었고,
인디언들에게는 미국만큼 많은 전사와 무기가 없었으니까요.
시애틀 추장은 미국에 이 답장을 보냈고,
그 부족은 살아온 땅을 떠나 백인들이 마련해 놓은
인디언 보호 구역으로 옮겨갔어요.

사람들은 땅을 이리저리 쪼개어 내 땅, 네 땅을 나눠요.
그러나 우리가 태어나기 전부터, 사람이 생겨나기 전부터
땅이 있었고, 공기가 있었고, 풀이 있었고, 동물이 있었어요.
그런데 누가 이것들의 주인이 될 수 있을까요?
세상에 어느 것 하나라도
진짜 '내 것'이라고 말할 수 있는 게 있을까요?

오스카 와일드가 친구에게

– 자네 글씨를 정말 못 쓰는군

오스카 와일드
(Oscar Wilde)
1854~1900
아일랜드의 시인, 소설가

사랑하는 친구 로비

자네에게 감옥 안에서 쓴 나의 원고를 보내네.

안전하게 자네 앞에 도착하기를.

내가 보낸 원고를 깨끗하게 옮겨 적어

다른 사람들이 보기 쉽게 만들어 주었으면 해.

혹시라도 내가 죽게 된다면 내 희곡과 책, 원고 등 모든 것을

자네가 맡아 주고 관리해 주게나.

이런 부탁을 할 사람은 자네뿐이네.

자네가 나의 작품 모두를 맡아 준다면 정말 고마울 거야.

내 작품을 팔아 나오는 돈은 내 가족들의 통장에 넣어 주게.

누구든 내 원고를 옮겨 쓰려면 많은 시간이 필요할 거야.

그런데 로비, 자네가 내게 보내 준 편지를 읽어 보니

자네 글씨체로 직접 옮겨 적어서는 안 될 것 같아.

타이프라이터를 쓰는 게 가장 좋겠어.

직원을 한 사람 불러 내 원고를 타이프 치게 해 주게나.

능숙하게 타이프를 치는 소리는 누이나 친척이 치는

피아노 소리보다 훨씬 듣기 좋을 수도 있다네.

로비, 사람이 감옥에 있으면 진실의 눈을 뜨게 돼.

사람과 사물의 겉으로 꾸며진 부분 너머

진실한 본 모습을 볼 수 있게 되지.

감옥에 갇힌 사람이 돌이나 나무처럼 무뚝뚝해지는 것도

이 때문일 거야.

바깥에서 사는 사람들은 천천히 세상을 바라볼 틈이 없어.

빠르게 흐르는 세상 시간에 맞추어 바쁘게 움직이며 살아가.

그들은 예쁘게 포장된 삶의 환상에 속고 있다는 걸 깨닫지 못해.

반대로 감옥 안의 시간은 무척 느리게 간다네.

이곳은 마치 시간이 정지된 곳 같아.

그 덕에 감옥 안의 사람들은 바깥세상에 속해 있을 때는

알 수 없었던 것을 보고, 느끼고, 생각할 수 있게 된다네.

편지를 쓰는 일은 나에게 큰 도움이 되고 있네.

자네도 알고 있겠지.

우리는 항상 무언가를 표현하며 살아가.

그 점에서 나는 이 교도소의 교도소장에게 감사한다네.

나에게 무엇이든 마음껏 글을 쓸 수 있는 자유를 주었거든.

이곳에 갇혀 있던 2년여의 시간 동안

나는 마음에 괴로움과 고민을 키우고 있었어.

그 때문에 무척이나 고통스러웠지.

그러나 지금은 고민과 괴로움을 떨쳐 내었다네.

감옥 담 너머 까만 나무의 마른 가지에서

초록빛 새싹이 뾰족이 솟고 있어.

나는 그 나무들이 무얼 하려는지 알고 있어.

바로 몸부림이라네.

무언가를 표현하려는

몸부림.

1897년 4월 1일

영원한 친구

오스카

상냥의 편지 3

오스카 와일드는 아일랜드의 시인이자 소설가예요.
동화 《행복한 왕자》와 《욕심쟁이 거인》을 지었지요.
1895년에 사정이 있어 2년 동안 감옥에 갇히게 되었는데
이 편지는 그때 오스카가 친구 로비에게 쓴 것이에요.
오스카는 이렇게 말합니다.
"시간이 느리게 흐르는 감옥 안에서는 천천히 세상을 볼 수 있어.
그래서 바쁘게 움직이던 때에는 알 수 없었던 것을
생각할 수 있게 되었지."

우리는 뭐든 '빨리빨리' 하려고 해요.
빨리빨리 음식을 먹고, 빨리빨리 사고 싶은 걸 골라요.
뒤로 조금 늦춰지면 '빨리빨리' 오라고 소리칩니다.
그런다고 행복이 빨리 찾아와 주는 것도
아닌데 말이에요.
'빨리빨리'를 이제 '천천히'로 바꾸어 보세요.
천천히 생각하고, 천천히 책을 읽고, 천천히 주위를 둘러보아요.
'빨리빨리' 하는 것보다 몇 배 더 많은 것을
보고, 얻을 수 있을 테니까요.

릴케가 한 문학 청년에게
– 생각하고 또 생각하세요

라이너 마리아 릴케
(Rainer Maria Rilke)
1875~1926
독일의 시인

며칠 전에 당신의 시와 편지를 받았습니다.

나를 믿고 보내 주신 데 감사드립니다.

한데 당신이 보내 준 시에 대해서는

내가 무어라 말할 수 없을 것 같습니다.

나는 다른 사람의 시에 대해 비평하는 일을 하지 않거든요.

비평은 예술 작품의 참맛을 제대로 느끼지 못하게 할 뿐

도움이 되지 않아요.

시, 음악, 그림 등은 몇 마디 말로 절대 표현할 수 없는

신비함을 지니고 있지 않던가요?

그렇기에 사람은 죽지만 예술 작품은 영원합니다.

하지만 굳이 당신의 시에 대해 이야기 드린다면

나는 이렇게 말하겠습니다.

"당신의 시에는 당신만의 개성이 없어요. 그러나 개성을

이루려는 노력과 소질은 풍부합니다."

당신은 내게 시의 좋은 점과 나쁜 점을 물었습니다.

나뿐 아니라 다른 사람들에게도 물었겠지요.

다른 시인들의 시와 비교도 해 봤을 겁니다.

잡지사에 보낸 다음 뽑히지 않아 실망하기도 했을 겁니다.

이제 그런 일은 하지 마십시오.

당신은 지금 '바깥'만을 보고 있습니다.

그런 것은 당신에게 아무 도움도 되지 않습니다.

당신이 시를 위해 할 일은 오직 한 가지뿐입니다.

깊이, 오랫동안 생각하는 것이지요.

시를 쓰게 만드는 '그 무엇'을 마음속에서 찾으세요.

'그 무엇'이 당신 마음의 가장 깊은 곳에

뿌리를 내리고 있는지 생각해 보세요.

'쓰지 않으면 죽을 수밖에 없다.'

이런 생각이 드는지 생각해 보세요.

오래오래 생각해 대답을 찾아내세요.

'그래, 쓰지 않으면 난 죽은 것과 같아.'

이런 강한 대답이 나온다면, 당신은 시를 써야 합니다.

순간순간 언제나 시를 생각하세요.

그리고 자연과 친구가 되세요.

자연에서 보고, 느끼고, 겪고, 사랑하고, 잃어버리는 것을

생생하게 표현하도록 노력하세요.

또 주변의 것을 써서 당신의 마음을 표현하세요.

주변의 사물, 꿈에서 있었던 일, 지난 추억 등으로요.

만약 주변에 시로 쓰일 만한 게 없다는 생각이 들면

스스로를 반성하세요.

스스로에게 충실한 시인이라면 그런 생각을 하지 않을 테니까요.

깨닫지 못하고 있을 뿐, 당신에게는 많은 것이 있습니다.

적어도 어린 시절의 추억은 누구에게나 있는 것입니다.

그 추억만큼 귀하고 훌륭한 보물 창고가 또 있을까요?

지나간 추억 속의 감동을 조용히 살펴,

한 줄 한 줄 시로 뽑아내도록 하세요.

당신은 당신만의 특별한 시를 쓸 수 있게 될 겁니다.

당신 마음의 세계는 점점 넓고 깊어질 것입니다.

그리고 당신은 시의 모자란 점을

굳이 남에게 물으려 하지 않게 될 겁니다.

또, 쉽사리 잡지에 내려는 마음도 생기지 않을 테지요.

당신이 쓴 시야말로 당신의 목숨처럼 소중한 것이기 때문입니다.

조용하고 성실하게 자신을 발전시키십시오.

당신은 지금 화려한 바깥세상의 일에 마음이

너무 쏠려 있습니다.

그런 마음은 성장의 걸림돌일 뿐입니다.

저를 믿고 시를 보내 주신 것에 감사합니다.

답장에 솔직한 제 생각을 담았으니, 관심을 갖고 읽어 주세요.

1903년 2월 17일

파리에서 릴케

생각의 편지 4

독일의 시인 라이너 마리아 릴케는 '장미의 시인',
'사랑의 시인', '나그네의 시인'이라 불리었어요.
유난히 장미를 사랑했던 릴케는 한 여자 친구를 위해 장미꽃을
꺾다가 가시에 손가락을 깊이 찔리게 되었어요.
이 상처 속으로 세균이 들어가 큰 병이 되는 바람에
3년 뒤 눈을 감고 말았어요.

이 편지는 릴케가 한 젊은 시인의 편지에 답해 준 것이에요.
릴케는 젊은 시인에게 "생각하고 또 생각하라."고 말하고 있어요.
누구나 생각을 하고, 생각에 따라 말을 해요.
그러나 얼마큼, 어떻게 생각하느냐는 모두 달라요.
얕고 좁게 생각하는 사람은 속 좁은 사람으로 남고 말아요.
깊고 넓게 생각하는 사람은 그만큼 크고 넓게
세상을 볼 수 있게 되지요.
깊은 생각은 우리 인생을 더욱 풍요롭게
해 준답니다.

이황(李滉)
1501~1570
조선 중기의 유학자

이황이 손자에게
- 세월은 물처럼 흐른단다

손자 안도에게

이곳으로 오는 사람이 있어 그 편에 네 소식을 들었단다.

산속의 조용한 절에 들어가 임시로 머물며 공부하기로 했다고?

좋은 일이구나.

세월은 물처럼 흐른단다.

그러니 허투루 보내지 말고 천 번 만 번 힘써서 공부하거라.

흐지부지 하루하루를 보내다 보면

그동안 해 놓았던 공부가 흩어지고 총명함도

흐려지게 되어 버리지.

할아버지는 네가 그리 되는 게 아닐까 걱정스럽다.

지난번에 서울 사는 두 젊은이가 나를 찾아오더니

공부를 하고 싶다고 부탁하더구나.

공부가 하고 싶어 멀리서 찾아온 젊은이에게

내가 어찌 안 된다고 할 수 있겠니?

내 집에 머물게 하며 가르치고 있단다.

젊은이들이 이토록 열심히 배우려고 하니

너도 부끄럽지 않게 공부에 힘써야겠다.

네가 얼마나 보고 싶은지 모른다.

하지만 네가 이곳으로 오고 가기 쉽지 않을 테니, 안타깝구나.

지금 네 아내를 보았다.

내 생일 선물로 옷가지를 해 가지고 이곳에 왔더구나.

마음은 고마우나 선물을 받는 일이 기쁘지만도 않다.

선물보다 더 기쁜 게 너희 얼굴을 보는 것이니

내 생각을 네 아내에게도 잘 말해 주려무나.

1560년

퇴계 이황

생각의 편지 5

퇴계 이황은 조선 성리학의 기초를 마련한 학자예요.
벼슬에서 물러난 다음에는 퇴계를 존경하는 많은 젊은이들이
공부를 하기 위해 퇴계의 집으로 모여들었지요.
이 편지는 퇴계가 손자 안도에게 보낸 것이에요.
퇴계는 손자가 시간을 아껴 열심히 공부해 주기를 바랐어요.

쉬는 날 '조금만' '조금만 더' 하며 이불 속에서 게으름을 피우다
늦잠을 자 아침이 다 가 버린 적 있을 거예요.
'조금만' 하는 사이, 어느새 시간은 저만치 흘러가 버린답니다.
어린이는 어른이 되지만
어른은 어린이로 돌아갈 수 없어요.
되돌아오지 않기에 시간은 소중합니다.
한 번밖에 없는 오늘 하루,
한 번밖에 겪지 못하는 어린 시절,
한 번밖에 살 수 없는 인생임을 잊지 마세요.

갈릴레이가 동료에게

– 달은 울퉁불퉁 곰보라네

갈릴레오 갈릴레이
(Galileo Galilei)
1564~1642
이탈리아의 천문학자

자네, 결과가 많이 궁금했지?

자네의 궁금증을 풀어 주기 위해 내가 망원경으로 관찰한

달의 모습을 말해 주겠네.

나는 달을 아주 가깝게 볼 수 있었어.

눈으로 직접 보는 것보다 20배나 크게 볼 수 있는

망원경을 썼기 때문이지.

아주 또렷하게 달이 보이더군.

사람들은 달이 평평하다고 생각하지 않나?

하지만 사실은 그 반대라네.

달은 평평하지 않았다네.

매끄럽지도 않았어.

달은 울퉁불퉁한 곰보야.

지구의 산과 계곡과 비슷하면서 그보다 더 큰 능선과 골짜기로

덮여 있지.

내가 본 달은 초승달이었어.

둥근 달의 한쪽은 밝고 한쪽은 어두웠는데 밝은 부분은 태양을 향하고 있었다네.

밝은 쪽과 어두운 쪽이 나뉘는 부분을 보니

매끄러운 곡선으로 뚜렷하게 나뉘는 것은 아니더군.

이렇게 가까이에서 달을 본 사람은 지금까지 없었어.

우리는 세계 최초로 이런 일을 해낸 거야.

1610년 1월 7일

갈릴레오 갈릴레이

생각의 편지 6

이탈리아의 과학자 갈릴레오 갈릴레이는
놀라운 과학의 법칙을 많이 발견했어요.
또, 뛰어난 성능을 가진 망원경을 직접 만들어 냈지요.
이 편지는 자신이 만든 망원경으로 달을 관찰한 갈릴레이가
결과를 궁금해 하던 동료 학자에게 띄운 편지예요.
갈릴레이는 다른 누구보다 제일 먼저
달의 표면이 울퉁불퉁하다는 걸 알아냈어요.

새로운 발견은 끊임없는 호기심에서 나와요.
'왜 그럴까?' '어떻게 된 걸까?' '무슨 이유일까?'
이런 궁금증이 세계의 비밀을 풀고,
새로운 발명품을 만들어 냈어요.
호기심과 친구가 되어 보세요.
앞으로의 발견과 발명은
여러분의 호기심에서 태어날 테니까요.

마음을 담아 보내는 편지

한 미국 병사가 아들에게
전쟁보다 큰 비극은 없단다

김정희가 제자에게
추운 겨울에야 소나무가 푸른 것을 안다네

소동파가 마을 태수에게
친구와 나누는 즐거움

한 독일 병사가 아내에게
아무도 그의 연주를 막지 않았소

정약용이 아들들에게
베풀 줄 아는 사람이 되어라

존 애덤스 대통령이 아들에게
매일매일 조금씩 하는 게 중요하단다

로버트 로링
제2차 세계 대전 때의
미국 병사

한 미국 병사가 아들에게
– 전쟁보다 큰 비극은 없단다

사랑하는 내 아들아

넌 영리한 아이일 거야. 그렇지만 네가 벌써 이 아빠의 글을
읽을 순 없을 테지. 넌 겨우 한 살이니까.
그래도 네 첫 번째 생일을 그냥 지나칠 수가 없었단다.
또, '사랑하는 내 아들아!' 하고 쓰는 기쁨을
누리고 싶기도 했단다.
아들아, 너에 대한 그리움이 무척 깊구나.
엄마의 편지에서 너의 이야기를 들었단다.
너는 환한 웃음으로 엄마에게 기쁨을 주고 있구나.
엄마의 편지에는 온통 네 자랑뿐이란다.
너의 웃음과 작은 몸짓이 얼마나 어여쁜지,
쑥쑥 잘 자라 주어 얼마나 고마운지 모두 전해 듣고 있단다.

너도 알고 있을 거야. 엄마는 이 세상에서 가장 좋은 분이라는걸.

우리는 참 운이 좋은 남자들이다.

아들아, 만약 천사가 세상에 내려와 사람들 사이에 있다면,

그 천사가 바로 엄마일 거라고 나는 믿고 있단다.

그러니까 너와 나는 엄마에게 기쁨을 주려고 노력해야 해.

아빠는 너에게 전쟁 이야기를 해 주고 싶다.

우리는 너무 쉽게 전쟁의 아픔을 잊어버리지.

세월이 흐르면 사람들은 그저 유명한 장군과 전쟁이 일어난

날짜 같은 것만을 기억하게 될 거야.

너는 그렇게 되지 않았으면 한다.

전쟁의 괴로움을 알게 되기를 바란다.

전쟁은 세상의 어떤 비극을 모아놓은 것보다도

더 끔찍한 비극이란다.

아무리 훌륭한 이유로 벌어지더라도 그건 마찬가지지.

아들아, 세계 곳곳에는 너와 같은 한 살 아기들이 많이 있단다.

그렇지만 모든 아이들이 너처럼 편안히 잠들지 못할 거란다.

이 전쟁은 많은 아이들에게 큰 상처를 주었거든.

태어나서 며칠, 몇 달 만에 전쟁으로 죽은 아이들도 있단다.

부모님과 집을 잃은 아이들, 다리나 팔을 잃고 병으로 괴로워하며

살아갈 아이들도 많이 있단다.

전쟁으로 찢겨진 나라에 태어났기 때문에 그런 아픔을

겪는 거야.

아빠는 지금 네 첫 번째 생일을 맞아 너를 축하하고 있다.

하지만 전쟁터에서 울고 있는 네 또래 아이들을

잊을 수가 없구나.

너는 커서 이 아이들과 나라를 위해 일을 하겠지.

목숨을 빼앗는 것보다 목숨을 구하는 것이, 파괴하는 일보다

건설하는 일이 훨씬 위대하다는 걸 사람들이 알 수 있게 해 주렴.

빼앗는 일보다 베푸는 일이 훨씬 즐겁다는 걸

많은 이들에게 가르쳐 주렴.

너의 첫 생일을 축하한다.

네 곁에는 엄마와 할머니, 할아버지가 계셔.

그 덕에 어른들의 사랑을 듬뿍 받고 있지.

너를 사랑하는 분들과 함께 있는 건 참 행복한 일이란다.

네 곁에 아빠가 없어서 슬플지도 모르겠구나.

왜 아빠가 옆에 없는지 알고 싶기도 하겠지.

그래, 아들아. 전쟁은 많은 슬픔을 만들어 낸단다.

하지만 네 또래의 다른 불행한 아이들을 생각해 보렴.

그 아이들에 비하면 네 슬픔은 모래알처럼 작은 거란다.

세상의 수많은 아빠들과 아들들이 전쟁으로 목숨을 잃었지 않니.

우리는 그저 함께할 시간 조금을 잃고 있을 뿐이야.

아빠 앞에는 지금 네 사진이 있다. 네가 자랑스럽고 기쁘구나.

너는 이미 다른 아이들과 함께 미래로 나아가기 시작했단다.

인생은 달리기 시합과 같아. 네가 결승점에 어떻게 다다르는가는

너 스스로에게 달려 있음을 기억하거라.

달리기를 대신해 줄 수 있는 사람은 없단다.

그저 네가 좀 더 나은 길로 달릴 수 있기를 바라며 지켜볼 뿐이지.

아들아, 생일을 다시 한 번 축하한다.

너와 네 또래의 아이들이 미래를 향해 달려갈 때,

하느님께서 이끌어 주시기를 기도한다.

안녕.

1945년 1월 18일

아빠가

마음의 편지 1

이 편지는 제2차 세계 대전 때 로버트 로링이라는 군인이
한 살 난 아들에게 보낸 편지예요.
로링은 전쟁터에서 많은 사람이 죽고, 불구가 되고,
마음에 상처를 입는 것을 보았어요.
전쟁은 생활의 터전을 부수었고,
아이들의 부모를 빼앗았고, 사람들의 팔다리를 빼앗았어요.
전쟁의 고통을 깨달은 로링은 아들에게 말합니다.
"파괴하는 것보다 건설하는 것이, 빼앗는 것보다 베푸는 것이
 더 위대한 것이란다."

빼앗기는 쉬워도 베풀기는 어렵답니다.
사람들의 마음속에 욕심이 살고 있기 때문이에요.
바늘 도둑이 소 도둑이 되듯, 작은 욕심은 큰 욕심을 부르고
너무 큰 욕심은 커다란 화를 부릅니다.
전쟁은 큰 욕심에서 비롯된 커다란 비극이에요.
조금 더, 아주 조금만 더 욕심을 버리려고 노력해 보세요.
그 '조금'의 노력은 세상에서 다툼을 없애는 큰 힘이 될 거예요.

김정희가 제자에게
– 추운 겨울에야 소나무가 푸른 것을 안다네

김정희(金正喜)
1786~1856
조선 말기의
문신·실학자·서화가

자네가 보내 준 책 잘 받았네.

작년에 두 권의 책을 부쳐 주더니 올해에도 또

여러 권의 책을 부쳐 주었어.

몇 년이 걸려 먼 데서 모았을 귀한 책을

나처럼 힘없는 늙은이에게 보내 주다니, 참으로 고맙네.

지금 세상은 자기 이익을 챙기려는

사람들로 가득하네.

어떻게 하면 힘 있는 사람에게 붙어 볼까,

잘 보일 수 있을까 하며 애를 쓰지.

그런데 자네는 힘 있는 윗사람에게

책을 보내는 대신 바다 건너 힘을 잃고

시들어 있는 늙은이에게 보냈으니,

정말 아무나 할 수 없는 행동이 아닌가!

'높은 지위, 많은 재산을 보고 친구가 된 사람들은
권력과 돈을 잃으면 서로 멀어진다.'는 말이 있지.
지금 세상의 흐름이 그러하네.
자기한테 이익이 되는 일만을 찾아서 행동하는 사람들로
넘쳐나고 있네.
그런데 자네는 잇속만 차리는 사람들 틈에서 빠져나와 있어.
우리가 본래 이익을 따지며 만난 사이가 아니었기 때문일까.
공자께서 이런 말씀을 하셨네.
"추운 겨울이 되고 나서야 소나무, 잣나무가
시들지 않는 것을 안다."
소나무 잣나무는 본래 사시사철 푸르지.
더운 여름이든 추운 겨울이든 잎이 떨어지지 않아.
추운 겨울이 오기 전에도 같은 소나무, 잣나무이고
추운 겨울이 온 다음에도 똑같은 소나무, 잣나무라네.

그런데도 공자께서는 따로 '추운 겨울이 된 다음의
소나무, 잣나무'를 이야기하셨어.
사람들은 소나무, 잣나무가 사철 푸르른 걸 알면서도
다른 나무들의 잎이 모두 떨어지고 나서야
다시 한 번 깨닫는다네.
'아, 소나무와 잣나무는 다른 나무와 다르게 여전히 푸르구나.'
자네와 나는 오랫동안 만나 왔네.
그동안의 자네 행동을 돌이켜 생각해 보았다네.
자네는 내가 높은 벼슬에 있다고 특별히 아부한 적이 없었어.
하지만 내가 벼슬에서 쫓겨나 제주도로 내려온 다음에도
자네가 날 대하는 태도는
내가 벼슬에 있을 때와 달라진 바가 없었다네.
만약 자네가 이익을 따지는 사람이었다면 그렇지 않았겠지.
분명 나를 대하는 태도가 크게 달라졌을 게야.

내가 벼슬에 올라 있을 때의 자네 행동에 대해서야

따로 할 말이 없네만,

힘없는 늙은이가 된 나에게 자네가 보이는 행동은

한결같이 푸르른 소나무, 잣나무와 다를 바 없이 느껴지는군.

추운 날의 소나무, 잣나무에게서는 언제나 푸르른 나무의

굳건함을 볼 수 있다네.

공자께서도 권력을 모두 잃고 세상 사람들에게 등 돌림을

당한 적 있으셨으니, 추운 날의 고단함을 잘 알고 계셨겠지.

어떤 시대 어떤 시절에도 힘이 있는 자 곁에는

사람이 몰려들었네.

그의 힘이 사라지면 곁에 있던 사람들도 뿔뿔이 흩어져 버렸지.

아무리 어질고 뛰어난 자라도 같은 일을 겪었으니

보통 사람들에 대해 말해서 무엇 하겠나?

세상 사람들의 마음이 이리도 메말라 있으니

아, 슬프도다.

1844년

완당 노인

마음의 편지 2

추사 김정희는 조선 시대의 훌륭한 학자였어요.

완당, 추사, 예당, 시암, 과파, 노과 등 많은 호를 갖고 있지요.

추사는 벼슬에 올라 시, 글씨, 그림 등으로 이름을 날렸지만

안 좋은 일에 휘말려 벼슬에서 쫓겨나 제주도로 유배되었어요.

김정희가 밀려나자 김정희 곁에 있던 사람들도 하나둘 떠나갔어요.

그렇지만 제자 이상적은 추사를 한결같은 마음으로 대했어요.

추사는 그 마음에 감동해 〈세한도〉라는 그림을 그리고

이 글을 적은 다음 이상적에게 보냈어요.

사람들은 권력이나 지위, 돈에 쉽게 끌려요.

자기보다 힘세고 지위가 높은 사람에게는 쉽게 굽실거리지만

그 사람이 망하면 언제 그랬냐는 듯 거들떠보지도 않아요.

하지만 권력이나 돈은 사람을 꾸미는 옷과 같아요.

사람이 입기 위해 옷이 있는 것이지

옷을 높이기 위해 사람이 있는 게 아니랍니다.

어때요? 초라한 옷에 감춰져 있는 보석 같은

사람을 놓치고 있지는 않나요?

소동파(蘇東坡)
1037~1101
중국 북송 시대의 시인

소동파가 마을 태수에게

– 친구와 나누는 즐거움

나는 하루 종일 술을 마셔도 얼마 먹지는 못합니다.

나보다 못 마시는 사람은 세상에 별로 없을 테지요.

사실 나는 술을 마시는 것보다는

술 마시는 걸 보는 것이 좋습니다.

친구가 술잔을 천천히 입 안으로 넘기는 걸 보면

어느새 내 가슴은 술이 들어온 듯 넓어지지요.

나는 술을 마시는 친구보다도 더 술의 달콤함을 잘 느낍니다.

내가 한가로울 때, 저희 집에는 늘 친구가 찾아왔습니다.

그러면 나는 언제나 술을 내놓았지요.

세상 어느 곳에도 나보다 더 술을 사랑하는 사람은 없을 겁니다.

사람이 가질 수 있는 즐거움 가운데 최고는 무엇일까요?

몸에 병이 없고 마음에 고민이 없는 것이 아닐까 합니다.

나는 병도 없고 고민도 없습니다.

그런데 세상에는 나 같은 사람만 있지 않아요.

병이 있는 사람도 많이 있고, 고민에 빠진 사람도 많이 있습니다.

나는 사람들과 더불어 즐거움을 나누고 싶지,

혼자만 즐거움을 누리고 싶지 않답니다.

나는 궁리 끝에 좋은 방법을 생각해 냈습니다.

바로 보약을 짓고 술을 빚어 몸에 지니고 다니는 방법입니다.

보약은 몸이 아픈 친구들에게 나누어 주고,

술은 마음에 고민이 있는 친구들에게 대접하기로 하였지요.

누군가 내게 묻더이다.

"당신은 병도 없는데 무슨 약을 이리도 많이 만드는 거요?

게다가 술도 마시지 않으면서 무슨 술을 이리도 많이 빚소?"

나는 웃으며 대답했습니다.

"병든 사람이 내 약을 먹을 때마다 내 몸은 더 가뿐해집니다.

술 잘 마시는 사람이 술에 취하면 나도 덩달아 즐거워집니다.

나는 나를 위해 약을 만들고 술을 빚을 뿐이랍니다."

옛날 동고자라는 분은 술을 무척 좋아했는데,

관리로 있으면서 하루에 술을

세 되씩을 대가로 받았습니다.

어느 날 동고자의 동생이 물었습니다.

"일하는 건 어떻습니까? 즐거운가요?"

그 말에 동고자는 손을 내저으며 말했답니다.

"일하는 게 즐거울 리 있나? 맛있는 술을 세 되씩 받을 수 있으니 그게 즐거울 뿐이네."

나는 한 달에 한 번씩 쌀 두 가마니로 술을 빚습니다.

남웅, 광주, 혜주, 순주, 매주의 다섯 태수들에게

가끔 술을 선물받기도 합니다.

이것들을 합쳐서 셈을 해 보니 내가 가진 술이

동고자보다 더 많더군요.

동고자가 받은 세 되의 술은 혼자 즐기고 마시기에도

모자랐을 것입니다.

그러니 친구에게까지 대접할 수 있었겠습니까?

만약 내가 동고자와 같이 하루 세 되의 술을 받았다면

그 가운데 두 되 반은 내 친구들의 뱃속으로 사라졌을 것입니다.

1095년 1월 13일

소동파

마음의 편지 3

소동파는 중국의 시인이에요.

사람을 좋아하고 유머가 많아 주위에 많은 친구를 두었답니다.

한 태수가 동파에게 술을 보내자,

소동파는 그 태수에게 감사의 뜻을 전하기 위해 이 편지를 썼어요.

몸이 아픈 친구들에게 보약을 나누어 주고,

고민 있는 친구들에게는 술을 대접하는 사람.

이런 사람에게 친구들이 모여들지 않을 리가 없겠지요?

'쟤는 인기가 많은데 나는 왜 친구가 없지?'

이런 생각을 하게 될 때면 곰곰이 되짚어 보세요.

나는 친구들의 이름을 잘 외울까?

나는 친구들의 칭찬을 자주 할까?

나는 친구들에게 주는 것을 아깝게 여기지 않을까?

나는 친구들을 잘 도울까?

사람들을 진심으로 따뜻하게 대한다면

친구는 자연스레 모여든답니다.

한 독일 병사가 아내에게
- 아무도 그의 연주를 막지 않았소

제2차 세계 대전 때의 독일 병사

마가렛

당신의 편지를 받아 보았소.

편지에서 내가 빨리 돌아오기를 바라는 당신의 마음을 읽었다오.

당신의 남편으로, 그리고 한 사람의 피아니스트로

무사히 돌아오기를 바라는 당신의 마음을.

그렇지만 이제 나에게는 손가락이 없소.

왼손은 새끼손가락을 잃었소.

오른손은 가운데 세 손가락이 동상으로 썩었지.

내가 그럭저럭 할 수 있는 일이란 총의 방아쇠를 당기는 것뿐.

일주일 전, 쿨트 한케라는 동료가 폐허가 된 도시의 뒷골목에서

베토벤의 〈열정 소나타〉를 쳤다오.

한번 상상해 보오.

부서진 집,

지저분한 골목길,

버려진 그랜드 피아노 한 대.

지나는 병사들마다 건반을 한 번씩 눌러 보더군.

우리도 그곳을 지나가게 되었소.

그때 쿨트 한케가 피아노 앞으로 나섰소.

그리고 피아노를 치기 시작했다오.

백여 명의 병사들이 지친 걸음을 멈추었소.

저마다 허물어진 벽에 몸을 기대고 조용히 귀를 기울였지.

멀리서 포성이 계속해서 울리고 있었지만

우리 귀에는 베토벤의 음악만이 들려왔소.

아무도 그의 연주를 막지 않았소.

1943년

전선에서 당신의 영원한 사랑이

마음의 편지 4

제2차 세계 대전은 독일의 나치에 의해 시작되었지만
전쟁을 시작한 나라라고 아픔을 겪지 않은 것은 아니었어요.
침략한 나라에서도, 침략을 당한 나라에서도
젊은이들이 아까운 목숨을 잃었고, 가족을 잃었고, 꿈을 잃었어요.
이 편지는 독일이 여러 곳에서 패배하며 밀려나고 있을 무렵,
전쟁터에 나선 독일 병사들이 남긴 편지 가운데 하나예요.
이 편지를 쓴 병사는 얼마 후 전쟁터에서 목숨을 잃었어요.
〈열정 소나타〉를 듣던 백여 명의 병사들 모두가
같은 전쟁터에서 목숨을 잃었습니다.

'나쁜 평화더라도 뜻있는 전쟁보다는 항상 낫다.'는
러시아 말이 있어요.
아무리 대단하고 위대한 뜻을 가진 전쟁이라도
사람들에게 아픔을 남기는 건 다 똑같습니다.
세상에서 제일 먼저 없어져야 할 단어가 있다면
그건 바로 '전쟁'이 아닐까요?

정약용(丁若鏞)
1762 ~ 1836
조선 후기 학자 겸 문신

정약용이 아들들에게
- 베풀 줄 아는 사람이 되어라

너희의 편지를 받아 보았단다.

친척들이 도와주지 않아 살기가 힘들다는 이야기뿐이더구나.

'모든 일은 남의 잘못'이라고 생각하는 병을 갖게 된 건

아니겠지?

아버지는 참 안타깝단다.

내가 높은 벼슬에 있을 때는 사람들이 주위에 끊이지 않았어.

몸이 조금만 아파도 걱정하는 사람들이 줄을 섰지.

날마다 와서 괜찮은지 묻는 사람도 있었고,

몸을 부축해 주는 사람도 있었단다.

약이나 음식을 보내는 사람도 있었지.

너희는 이런 일에 너무 익숙해진 게 아니냐?

그래서 남에게 받을 생각만 하고

베풀 생각은 못하는 게 아닌지 걱정이구나.

지위나 재산이 없는 사람은 남의 보살핌을 받지 못한단다.

지금의 우리는 남의 보살핌을 받을 만한 사람이 못 된다.

나는 벼슬에 쫓겨나 홀로 귀양을 왔고

너희 둘과 너희 어미는 초라하게 시골로 내려가게 됐다.

지위도 재산도 잃은 우리를 누가 고운 눈으로 보겠느냐?

지금 너희 주변에는 친척들이 살고 있다.

그렇지만 도움받을 생각은 말거라.

그동안 서로 돕거나 정을 쌓지도 못했지 않니.

너희는 지금 힘들기는 해도 굶주리고 있지는 않을 게야.

남에게 베풀 만큼 넉넉하지는 못해도

남의 도움을 받아야만 살 수 있을 만큼 힘들지도 않으니

남의 도움이나 보살핌을 받으려고 하지 말아라.

남에게 기대려는 마음이 없어야만

남을 탓하는 나쁜 병이 없어질 거란다.

혹시 친척들 가운데 며칠째 밥을 먹지 못하는 사람은 없었느냐?

그렇다면 너희는 한 바가지 쌀이라도 내주어야 했다.

병이 나서 약을 먹어야 하는 사람은 없었느냐?

그렇다면 너희는 약 한 첩이라도 지어 주어야 했다.

걱정거리로 잠을 못 자는 사람은 없었느냐?

그렇다면 너희는 함께 걱정하며 슬픔을 나누었어야 했다.

너희는 친척들에게 그 몇 가지 일도 하지 못했다.

그런데 어찌 친척들의 도움을 바랄 수 있을까?

남에게 베풀지는 않으면서

남이 먼저 베풀기를 바라서는 안 된단다.

앞으로는 너희가 먼저 일가친척들에게 베풀도록 하거라.

힘든 일이 생기면 달려가 돕도록 해라.

그렇다고 베푼 만큼 받으려는 생각은 하지 말아야 한다.

언젠가 너희에게 힘든 일이 닥쳤을 때, 친척들이 와 주지

않는다고 속상해할 필요는 없단다.

마음을 넓게 갖고 이렇게 생각하렴.

'저 사람에게도 사정이 있겠지. 도와주기 싫은 게 아니라

도와줄 힘이 없는 거야.'

그리고 이런 말은 절대 하지 말아라.

"나는 전에 이리저리 도와주었는데 저 사람은 왜 조금도 보답을

안 할까요?'

만약 이런 말을 남에게 한다면 그동안 너희가 쌓은 덕은

모두 날아가 버리게 될 거란다.

아버지를 섬기듯 친척 어른들을 섬기거라.

너희가 정성을 다해 진심으로 효도한다면

친척 어른들도 너희를 알아주실 거란다.

다산 정약용

마음의 편지 5

다산 정약용은 조선의 훌륭한 실학자였지만
서양의 종교인 천주교를 공부했다는 이유로
벼슬에서 쫓겨나 멀리 유배를 가게 되었어요.
그 식구들은 시골로 쫓겨 가 농사를 짓고 살아야 했지요.
다산은 아들들에게 이런 편지를 씁니다.
"먼저 베풀어라. 그리고 베푼 만큼 받으려 하지 말아라."

바라는 게 많은 사람은
'왜 이런 것도 못 해 줘?' '너무해' 하는 생각에
남의 탓만 하게 돼요.
그런 사람 곁에는 '짜증' '불만' '신경질' 같은
나쁜 말만 모여들어요.
남에게 베푸는 사람은
'저 사람을 돕고 싶어' '기쁘게 해 주고 싶어' 하고 생각한답니다.
그런 사람 곁에는 '웃음' '사랑' '우정' 같은 기쁜 말이 모여들어요.
여러분의 곁에는 어떤 말이 모여 있나요?

존 애덤스 대통령이 아들에게
– 매일매일 조금씩 하는 게 중요하단다

존 애덤스
(John Adams)
1735~1826
미국의 정치가

내 사랑하는 아들아

너의 편지를 받아보았다.

글씨가 나쁘지는 않다만 단정히 쓰려고 노력하지

않은 것 같구나.

글씨를 급하게 써서는 안 된단다. 깨끗하고 바르게 써야 하지.

조금만 더 노력하렴.

너는 아직 어리니 노력한 만큼 바른 글씨를 쓸 수 있게 될 거야.

깨끗하고 보기 좋은 글씨는 어린 시절에만 얻을 수 있는 거란다.

나는 어렸을 때 글씨 쓰기에 힘쓰지 않았지.

그 때문에 나이 들어 많은 고생을 했단다.

너는 그러지 않았으면 한단다.

네가 조금만 더 노력하면 남자답고 아름다운

글씨를 쓸 수 있게 될 것 같다.

한 번 습관이 들면 바르게 글씨 쓰는 일이 아주 쉬워질 거란다.

신문은 꾸준히 보고 있니?

짧은 시간이나마 매일 즐거운 마음으로 무언가를 보는 건

좋은 일이란다.

신문을 보면 좋은 점이 많단다.

문장을 어떻게 써야 하는지 배울 수 있고,

'나라면 이렇게 하겠어' '이건 옳지 않아' 하고 생각할 수 있게

된단다.

그리스어와 라틴어도 매일 연습해라.

수학에도 관심을 갖고.

매일매일 조금씩 하는 게 중요하단다.

시간을 잘 쓰도록 해라.

공부 시간, 식사 시간, 쉬는 시간, 운동 시간, 잠자는 시간을

잘 나누어 써라.

특히 공부 시간에는 누구의 방해도 받지 않아야 한단다.

무엇보다 중요한 건 너의 행동이란다.

네가 신중하고 건전하게 행동하기를 바란다.

너는 젊다.

그러니 모든 것에 겸손할 줄 알아야 한단다.

또 누구에게나 예의 바르게 행동해야 한단다.

뒤마 씨가 너를 돌봐준다니 안심이 되는구나.

뒤마 씨는 걸어 다니는 도서관이거든.

아는 것이 많은 사람이라 너도 배울 게 무척 많을 거란다.

배우고 싶거든 바로 질문을 하렴.

질문할 때는 망설이지 말아라.

시간이 날 때마다 가족에게 편지를 쓰려무나.

네 어머니와 누나, 동생들이 기뻐할 거란다.

나의 가장 큰 기쁨은 너희가 바르게 크는 것이란다.

훌륭한 어른으로 성장한 너희들을

보는 것이 나의 희망이요 즐거움이지.

하느님, 부디 나의 희망을 들어주십시오.

1783년 5월 14일

파리에서

사랑하는 아버지가

마음의 편지 6

존 애덤스는 미국의 두 번째 대통령이었어요.
애덤스는 가족들과 편지를 주고받는 걸 좋아했어요.
이 편지는 대통령이 되기 전 프랑스에 사절단으로 가 있을 때
애덤스가 아들에게 보낸 것이에요.
애덤스는 좋은 습관의 중요성을 강조하고 또 강조하고 있어요.

아가들이 걷기 위해서는 걸음마를 많이 해야 해요.
자전거를 잘 타기 위해서는 자전거를 자주 타야 해요.
처음부터 잘하는 사람은 어디에도 없어요.
매일매일 조금씩 노력해야 좋은 습관이 몸에 붙는답니다.
'나에게는 어떤 습관이 필요할까?'
한번 생각해 보세요.
좋은 습관은 햇살과 같아서
우리를 밝고 따뜻한 쪽으로 이끌어 준답니다.

인물 찾아보기

자와할랄 네루 Pandit Jawaharlal Nehru (1889~1964)

인도의 초대 총리. 1916년 간디의 영향으로 정치를 시작, 1921년 독립 투쟁에서 체포된 후 여덟 차례 체포되어 9년 동안 감옥 생활을 했다. 1947년 인도가 독립하면서 총리 겸 외무장관 자리에 올랐다. 평화에 대한 열의, 민주적이고 친숙미 넘치며 솔직한 성격으로 인도 국민과 전 세계의 열렬한 지지를 받았다. 쓴 책으로는 감옥 안에서 외동딸 인디라 간디에게 보낸 편지 형식의 《세계 역사 이야기》 등이 있다.

에이브러햄 링컨 Abraham Lincoln (1809~1865)

미국의 16대 대통령. 1847년 하원 의원으로 정치 생활을 시작, 1860년에는 노예 제도 반대를 내세우며 대통령으로 당선되었다. 1864년 다시 대통령에 당선되었으나, 한 달 만에 노예 제도 폐지를 반대하던 남부 출신인 부스의 총탄을 맞고 세상을 떠났다. 게티즈버그 국립묘지 설립 기념식 연설에서 그가 한 말 "국민에 의한, 국민을 위한, 국민의 정부"는 오늘날 민주주의의 이념을 정의하는 대표적인 말로 유명하다.

필립 체스터필드 Philip Chesterfield (1694~1773)

영국의 정치가. 프랑스의 예법과 문화, 프랑스적인 취향의 열렬한 예찬자였다. 1726년 백작 작위를 물려받고, 1728년 네덜란드 주재 대사가 되었다. 결혼으로 국왕과 인척 관계를 맺었지만 1745년부터 1746년까지 잠시 동안 아일랜드 국왕 대리관으로 있으면서, 정치가로서의 능력을 발휘하기 전까지는 왕의 총애를 받지 못했다. 1746년부터 1748년까지 국무장관을 지낸 후 계속해서 청력이 나빠지자 공직 생활에서 물러났다.

알버트 아인슈타인 Albert Einstein (1879~1955)

이론 물리학자. 광양자설, 특수 상대성 이론을 발표했으며, 광전 효과 연구와 이론 물리학에 기여한 업적으로 1921년 노벨 물리학상을 수상했다. 독일 출신의 유대인인 그는 독일에서 유대인 추방이 시작되자, 1933년 미국에 망명, 귀화했다. 제2차 세계 대전 중 원자 폭탄의 필요성을 절실히 느낀 그는 당시 대통령이었던 루스벨트에게 편지를 보냈다. 이것이 미국의 원자 폭탄 연구인 맨해튼 계획의 시초가 되었다.

기대승 奇大升 (1527~1572)

조선 중기의 성리학자. 호는 고봉이다. 1558년 식년 문과에 급제하고 역사를 기록하는 사관이 되었다. 31세에 《주자대전》을 가려 뽑아 《주자문록》을 3권으로 펴낼 만큼 주자학에 탁월한 실력을 보였다. 32세에 이황의 제자가 되어 유학의 발전에 힘썼다. 특히 이황과 12년 동안 '사단칠정'을 주제로 논쟁을 펴며 주고받은 편지는 유학 사상에 큰 영향을 끼친 것으로 유명하다. 쓴 책으로는 《고봉집》《논사록》 등이 있다.

유방 劉邦 (기원전 247?~기원전 195)

중국 한나라의 첫 번째 황제. 진나라 말 각지에서 반란이 일어나자 그도 군사를 일으켜 '패공'이라 칭했다. 그 뒤 수도 함양을 함락시키고, 진나라 왕 자영으로부터 항복을 받았다. 또 진나라의 가혹한 법률을 폐지하고 '법삼장'을 약속하여 민심을 수습했다. 그 뒤 4년간에 걸친 항우와의 쟁탈전에서 장양, 한신 등의 도움으로 해하의 싸움에서 항우를 이기고 천하를 통일했다. 기원전 202년 황제에 오르고 수도를 장안으로 정했다.

빈센트 반 고흐 Vincent van Gogh (1853~1890)
네덜란드 출신의 화가. 주로 노동자, 농민 등 하층민의 모습과 주변 생활 및 풍경을 그렸다. 1888년 정신병 발작을 일으켜 고갱과 다툰 끝에 자신의 귀를 잘랐고, 그 뒤 안정을 찾았으나 끝내 권총으로 자살했다. 그의 작품은 생전에는 인정받지 못하다가 1903년 유작전 이후 유명해졌으며, 20세기 초 입체파에 큰 영향을 주었다. 작품으로는 40여 점의 자화상과 〈해바라기〉〈빈센트의 방〉〈별이 빛나는 밤에〉 등이 있다.

나폴레옹 보나파르트 Napoleon Bonaparte (1769~1821)
프랑스의 군인 출신 황제. 1796년 사령관이 되어 오스트리아군을 무찔렀고, 그때부터 유럽 정복의 꿈을 꾸었다. 1799년 제1통령이 되었으며 알프스를 넘어 두 번째 이탈리아 원정을 했다. 이때 "나의 사전에 불가능은 없다."는 말로 부하들의 사기를 높였다. 1804년 황제가 되어 여러 전쟁을 승리로 이끌었다. 《나폴레옹 법전》을 펴냈고, 이집트 원정 때 '로제타석'을 발견해 고대 이집트 연구의 발판을 마련했다.

피에르 퀴리 Pierre Curie (1859~1906)
프랑스의 물리학자. 자성 물리학의 기초 확립과 발전에 공헌했다. 1895년, 마리아 스크워도프스카(마리 퀴리)와 결혼 후 결정 성장에 관한 문제 등을 다루던 중 방사능 연구에 흥미를 느껴 아내와 공동으로 우라늄 화합물의 방사선이 원자적 성질이라는 결론을 내리고 새로운 물질 탐구에 노력했다. 아내 및 베크렐과 함께 노벨 물리학상을 받은 뒤 소르본 대학의 교수가 되었다. 프란테상, 로크스상 등 많은 상을 수상했다.

바울 Paulus (0?~67?)

초대 기독교의 전도자. 신약성서에 의하면 그의 본명은 사울이다. 처음에는 열렬한 바리새파로서 기독교의 신자들을 잡으러 다메섹으로 가던 중 신비로운 그리스도의 출현을 경험하고 사도가 되었다. 그는 기독교 최대의 전도자였고, 또한 최대의 신학자였으며 오늘의 기독교가 있게 한 기독교 형성 사상 가장 중추적인 인물이다. 네로 황제의 박해 때 순교했다고 전한다.

존 키츠 John Keats (1795~1821)

영국의 낭만주의 시인. 의학을 배운 지 5년 만에 의사 시험에 합격했으나, 1년 만에 병원을 그만두고 시 쓰는 일에 전념했다. 영국의 낭만파를 대표하는 천재 시인으로 감각적인 시를 쓰다가 생의 어두운 면을 괴로워하는 시를 썼다. 폐결핵에 시달리면서, 또 연애의 기쁨과 괴로움을 경험하면서 많은 작품을 썼다. 작품으로는 〈엔디미온〉〈그리스 항아리에 부치는 노래〉〈나이팅게일에게〉 등이 있다.

로버트 팔콘 스콧 Robert Falcon Scott (1868~1912)

영국의 탐험가. 1910년 남극 탐험에 나서서 1912년 남극점에 도달했다. 그러나 이미 1년 전에 노르웨이의 아문센이 남극점을 정복했고, 결국 남극점 첫 정복의 꿈은 깨지고 말았다. 돌아오던 중 조난을 당해 그 일행은 모두 죽고 말았다. 마지막까지 영국 신사다운 모습을 보이며 용기를 잃지 않은 것이 알려져 국민적 영웅이 되었다. 쓴 책으로는 《탐험 항해기》《스콧 최후의 원정》 등이 있다.

루트비히 반 베토벤 Ludwig van Beethoven (1770~1827)

독일의 작곡가. 1782년 궁정 예배당 오르간 연주자를 거쳐 1795년 피아노 연주자로 데뷔, 〈피아노 3중주곡〉을 발표했다. 귓병이 나면서 연주자로서의 활동을 포기, 작곡에만 전념했는데, 그의 작품은 역동적인 힘을 특징으로 한다. 하이든, 모차르트와 더불어 빈 고전파를 대표하는 작곡가이다. 작품으로는 〈제3교향곡(영웅)〉〈제5교향곡(운명)〉〈제9교향곡(합창)〉〈피아노 협주곡 제5번(황제)〉 등이 있다.

마틴 루터 킹 주니어 Martin Luther King jr (1929~1968)

미국의 흑인 운동 지도자. 목사이자 신학 박사이다. 1954년 앨라배마 주 몽고메리의 침례교회 목사로 취임했다. 1968년 4월 테네시 주의 멤피스 시에서 흑인 청소부의 파업을 지원하다가 암살당하기까지, 비폭력주의를 바탕으로 흑인이 백인과 동등한 시민권을 얻어 내기 위한 '공민권 운동'의 지도자로 활약했다. 1964년에는 이러한 공로가 인정되어 노벨 평화상을 받았다. 쓴 책으로는 《자유를 향한 위대한 행진》《흑인에게 가는 길》 등이 있다.

잔 다르크 Jeanne d'Arc (1412~1431)

프랑스를 구한 애국 소녀. 15세기 '백년 전쟁' 때 프랑스를 위기에서 구했다. 1429년, "프랑스를 구하라."는 신의 음성을 듣고 군사를 이끌고 나가 각지에서 영국군을 무찔렀다. 랭지까지 진격한 후 그곳 성당에서 샤를 7세를 왕위에 오르게 했다. 그러나 1430년 콩피에뉴 전투에서 부르고뉴파 군사에게 잡혀 영국군에 넘겨졌다. 1431년 이단자 선고를 받고 화형을 당했다. 후에 샤를 7세가 유죄 판결을 뒤엎고 그녀의 명예를 회복시켰다.

로베르트 슈만 Robert Alexander Schumann (1810~1856)

독일의 작곡가. 11세 때부터 작곡을 시작했다. 1832년 〈나비〉 등을 작곡, 그 뒤 잡지 〈음악신보〉를 발행하여 낭만주의에 새바람을 불어넣었다. 피아노곡 외에 가곡과 실내악에도 손을 댔고, 음악원 교사·지휘자 등을 지냈다. 그의 작품은 대부분 시적 서정성이 담긴 낭만주의 향기가 풍긴다. 작품으로는 교향곡 〈봄의 교향곡〉, 피아노곡 〈사육제〉, 가곡 〈유랑의 무리〉 등이 있으며, 쓴 책으로는 《음악 평론집》 등이 있다.

오노레 미라보

Honoré Gabriel Riquetti Comte de Mirabeau (1749~1791)

프랑스 혁명기의 정치가. 1789년, 삼부회 의원이 구성한 국민의회를 궁정이 해산시키려 하자 위기를 극복하면서 혁명 초기의 중요 인물이 되었다. 입헌 왕정의 입장을 가진 그는 서서히 의회주의를 건설하는 것이 목표였다. 그 때문에 점차 자코뱅파(좌파)와 결별하고 궁정과 가깝게 되었다. 그가 죽은 뒤, 왕비 마리 앙투아네트를 지지했다는 사실이 드러나 한때 국민의 신임을 잃었다. 쓴 책으로는 《프로이센 왕국론》 등이 있다.

월터 배젓 Walter Bagehot (1826~1877)

영국의 경제학자. 1848년 런던대학교에서 경제학 학위를 받고, 그 후 법률을 공부, 변호사 자격도 얻었으나 개업하지 않고, 가업은 은행업을 물려받았다. 1860년 경제 잡지인 〈이코노미스트〉의 편집자 겸 지배인이 되어 평생 그 자리에 있었다. 그는 금융·개정에 대한 권위자로서 정부의 관련 부서와의 상담역으로도 활약했다. 쓴 책으로는 《영국의 국가 구조》《롬바드가》 등이 있다.

마하트마 간디 Mahatma Gandhi (1869~1948)

인도의 민족 운동 지도자. 1893년, 남아프리카에서 인도인들이 백인들에게 박해받는 것을 보고 인종 차별 반대 투쟁을 시작했다. 인도로 돌아와서는 영국에 대해 비폭력 저항을 실시하다 수차례 옥고를 치렀다. 1947년 인도는 해방되었지만 종교적으로 대립되어 이를 해결하려 하다가 반이슬람 극우파 청년의 흉탄에 쓰러졌다. 시인 타고르에게서 '마타트마(위대한 영혼)'라고 칭송한 시를 받고, 그때부터 마하트마 간디라고 불렸다.

안창호 安昌浩 (1878~1938)

독립운동가. 호는 도산이다. 1897년, 독립 협회에 가입하고 만민공동회를 개최했다. 그 후 한국 최초의 남녀 공학인 점진 학교를 세우는 한편, 황무지 개척 사업을 벌였다. 1907년 항일 비밀 결사 신민회를 조직, 〈대한 매일 신보〉를 중심으로 활동했다. '105인 사건'으로 신민회가 해체되자, 1913년 '흥사단'을 조직했다. '무실 역행'을 기본으로 하는 그의 흥사단 정신은 오늘날에도 사람들에게 큰 영향을 주고 있다.

프란츠 카프카 Franz Kafka (1883~1924)

유대계 독일인 소설가. 법률을 공부한 후 노동자 재해 보험국에서 일하다가 폐결핵 진단을 받아 요양을 하며 돌아다녔다. 사르트르와 카뮈에 의해 실존주의 문학의 선구자로 높이 평가받았다. 이는 인간 운명의 부조리성, 인간 존재의 불안과 고립을 날카롭게 파헤쳐, 현대 인간의 실존적 체험을 극한에 이르기까지 표현한 점 때문이다. 주요 작품으로는 《심판》《변신》《성》 등이 있다.

시애틀 추장 Chief Seattle (?~1866)

아메리카 원주민 추장. 그의 실제 이름은 '시엘스'라는 발음에 가까웠다고 한다. 비상한 전략으로 여러 종족과의 전투에서 승리하여 수카미시 부족과 두와미시 부족의 추장이 되었다. 백인들과의 무역에 적극적이었으며, 인디언을 기독교화시키는 데 관심이 많았던 백인들을 통해 개종을 했다. 후에 시애틀의 부족이 살던 도시의 이름이 '시애틀'로 개명되었고, 미국 워싱턴 주의 시애틀에는 이 사실을 기념하는 동상이 있다.

오스카 와일드 Oscar Wilde (1854~1900)

아일랜드의 시인, 소설가. 옥스퍼드 대학 재학 중, 이탈리아의 마을 라벤나를 노래한 시로 뉴디기트라는 신인상을 받았다. 그 무렵부터 '예술을 위한 예술'을 표어로 하는 탐미주의를 주창했고 그 지도자가 되었다. 대학 졸업 후 작가 생활을 시작, 동화집과 소설·희곡 등을 발표했다. 동성연애 혐의로 감옥살이를 하고 나와서는 친구들의 도움으로 살았다. 주요 작품으로는 《행복한 왕자》《석류나무 집》《살로메》 등이 있다.

라이너 마리아 릴케 Rainer Maria Rilke (1875~1926)

독일의 시인. 1895년 프라하 대학 문학부에 들어가 문학을 공부했다. 1902년 파리로 가서 조각가 로댕의 비서가 되어 그의 예술을 마주하면서 커다란 영향을 받았다. 1910년 고독·죽음·사랑을 주제로 한 《말테의 수기》를 발표했다. 제1차 세계 대전 뒤에는 스위스에 머물며 《두이노의 비가》《오르페우스에게 부치는 소네트》를 발표했다. 주요 작품으로는 《나의 축일에》《꿈의 관》 등이 있다.

이황 李滉 (1501~1570)

조선 중기의 유학자. 호는 퇴계이다. 이언적의 주리설을 계승, 주자의 주장을 따라 우주의 현상을 이(理)와 기(氣) 두 가지로 설명하면서 이를 보다 근원적으로 보아 주자의 '이기이원론'을 발전시켰다. '사단칠정'을 주제로 기대승과 8년에 걸쳐 펼친 논쟁은 유명하다. 그의 학풍은 뒤에 류성룡 등의 제자들에게 계승되어 영남학파를 이루어 기호학파와 대립되었다. 문집 《퇴계전서》, 시조 〈도산십이곡〉, 글씨 〈퇴계필적〉 등이 있다.

갈릴레오 갈릴레이 Galileo Galilei (1564~1642)

이탈리아의 천문학자. 물리학자이자 수학자이기도 하다. 손수 만든 망원경으로 달에 산과 계곡이 있다는 것, 목성도 위성을 가지고 있다는 것 등을 발견했다. 후에 태양 흑점에 관해서도 연구했다. 이때 '지동설'에 대한 믿음을 굳히는데, '천동설'의 잘못을 지적한 책을 썼다가 재판을 받게 되었다. 그때 "그래도 지구는 돈다."라고 한 말은 유명하다. 근대 과학의 기틀을 마련한 학자로 평가받는다. 쓴 책으로는 《축성론》《별세계의 보고》《황금 계량자》 등이 있다.

김정희 金正喜 (1786~1856)

조선 말기의 문신·실학자·서화가. 호는 추사, 완당 등이 있다. 학문에서는 '실사구시'를 주장, 서예에서는 독특한 '추사체'를 대성시켰으며 특히 예서·행서에 새 경지를 이룩했다. 금석학에서도 밝아 북한산의 진흥왕 순수비를 밝혀냈고, 종교에 대한 관심도 많아 4백여 권의 불경과 불상 등을 중국에서 가져와 봉은사에 기증하기도 했다. 저서 《금석과안록》《완당척독》, 문집 《완당집》, 작품 〈묵죽도〉〈묵란도〉〈세한도〉 등이 있다.

소동파 蘇東坡 (1037~1101)

중국 북송 시대의 시인. 호는 동파거사이다. 송나라 제1의 시인이며, 문장에 있어서도 '당송 팔대가' 중 한 사람이다. 구양수에게 인정을 받아 등단했다. 왕안석의 '신법'이 실시되자 '구법당'에 속했던 그는 지방관으로 전출되었다. 50세 때 구법당이 세력을 잡자 예부상서 등의 높은 벼슬을 지냈다. 황태후의 죽음으로 신법당이 다시 세력을 잡자 귀양살이를 하게 되었는데, 그때 지은 〈적벽부〉는 불후의 명작으로 널리 애창되고 있다.

정약용 丁若鏞 (1762~1836)

조선 후기 학자 겸 문신. 호는 다산이다. 1792년, 수찬으로 있으면서 서양식 축성법을 기초로 한 '성제'와 '기중가설'을 지어 수원성을 쌓는 데 기여했다. 1801년 신유박해 때 장기에 유배, 뒤에 강진으로 유배지를 옮겼다. 유배에서 풀려날 때까지 18년간 학문에 몰두, 실학 사상을 완성시켜 그 대표자가 되었다. 문집으로는 《정다산 전서》가 있는데, 그 안에 《목민심서》《경세유포》《흠흠신서》 등이 실려 있다.

존 애덤스 John Adams (1735~1826)

미국의 정치가. 1765년 인지 조례 제정에 따른 영국 반대 운동의 지도자가 되어, 1774년부터 1778년까지는 대륙 회의의 대표로 활약, 독립 선언서 기초 위원의 한 사람이 되었다. 독립 후 최초의 영국 주재 공사가 되었고, 워싱턴 대통령 밑에서 부통령을 지냈다. 1796년, 미국의 제2대 대통령으로 당선되어 프랑스와의 전쟁 위기에서 벗어나는 데 성공했으나, 국내 정치에서는 무리를 하여 1800년 선거에서 공화당의 제퍼슨에게 패했다